LES
OEVVRES POETIQVES
de Iacques Peletier du Mans.

Jacques le Peletier

Celebrité littéraire Du Mans

Moins, & meilleur.

A PARIS.

De l'Imprimerie de Michel de Vascosan,
pour luy & Gilles Corrozet. 1547.

AVEC PRIVILEGE.

LE CONTENV.

A TRESILLVSTRE

Princeſſe Madame Marguerite,
Seur unique du Roy.

Sonnet.

CE QV E *ma* Muſe *en uers a peu chanter,*
   Ce qu'en François *des autheurs a traduit,*
   Et ce quell' a d'elle meſme produit,
   E lle uous uient maintenant preſenter.
E *t s'elle peut* uoſtre *eſprit contenter,*
   A inſi qu'eſpoir & deſir la conduit,
   D e ſon grand heur, de ſa gloire & bon bruit
   A tout iamais ſe pourra bien uenter:
C *ar ceux qui ſont couſtumiers de médire*
   V *oſtre grandeur n'oſeront pas dédire:*
   Q *uant au futur, elle ne craint rien tel,*
P *our ce qu'ell' eſt certaine & aſſuree*
   Q *ue* uoſtre *nom dem urant immortel,*
   L *e ſien ſera de pareille duree.*

                          A ij

I LA *faueur que porte ta nature*
A ux *gens lettrez, & leur literature*
N'*estoit assez notoire enuers chacũ,*
R oy *q̃ n'as roy audeßus de toy qu'un,*
I e *ne pourroye a peine m'exenter*
D'*auoir mespris, en uenant presenter*
A ta *hauteur mes Poeticques carmes,*
E n *ce temps cy que Mars par ses allarmes*
V ient *faire guerre aux gracieuses Muses:*
E t *de despit qu'a elles tu t'amuses,*
A tout *effort ueut tenir en souffrance*
E t *en desroy ta tresloyalle France,*
E t *toy qui es des lettres le uray pere:*
E t *par cela il s'attend & espere*
Q ue *les lettrez n'ayans plus de secours,*
A ußi *n'auront les lettres plus de cours.*
M ais *c'est a luy trop auant entrepris,*
V ouloir *gaigner par deßus toy le prix,*
S us *toy qui es du plus haut Ciel parti*
P our *soutenir des lettres le parti,*
E t *que les Dieux par accord resolu*
E n *ces bas lieux establir ont uoulu*
L e *gouuerneur & chef de cest affaire.*

EPISTRE

Dieu de fureur, doncques que ueux tu faire?
Veux tu tenir ton courage odieux
Seul alencontre, & malgré tous les Dieux?
Veux tu deffaire une puissance telle?
Veux tu destruire une chose immortelle?
Car tu saiz bien que du Ciel supernel
Il ne uient rien qui ne soit eternel:
Auec cela les Muses sont celestes:
C'est doncq' en uain qu'ainsi tu les molestes.
Il est bien uray que crainte tu leur donnes,
Car est il rien, o Mars, que tu n'estonnes?
Mais a la fin, quoy que les armes portes,
Elles seront contre toy les plus fortes,
Non au moyen de hache ny armet,
Car leur dousseur cela ne leur permet:
Mais comme un feu qu'un temps le tison couure
Plus grand' clairté par le tison recouure,
Ainsi sera ta force consumee,
Et leur uigueur de ton feu allumee:
Dont plus sera leur honneur approuué,
Apres auoir un ennemy trouué,
Qui les uoúlant desconfire & abbatre,
Soit mis a bas par elles sans combattre:
Ou s'elles sont par tes fieres atteintes
De se defendre a port d'armes contreintes,
Leur Roy sera pour elles plus uaillant

Que ne seras ,cantre elles bataillant:
E t tant plus forte il uerra la rencontre,
P lus sera prompt de tenir alencontre:
L ors tu uerras sa force suffisante
P our soustenir ta malice nuisante,
P our repousser tes furieux assauz,
E t pour donter tes soudars & uassauz,
E t quand & quand nonobstant ta rigueur,
P our maintenir les Muses en uigueur,
E t en honneur éleuer leurs suppostz.

O Roy François,ie romps a Mars propos,
M a Muse s'est a ce destour induitte,
T ransport d'esprit iusqu'icy l'a conduitte,
E t en transport ta grandeur a louee,
E n esperant de toy estre auouee,
E t mesmement qu'auecques cest aueu
E xausseras son fauorable ueu:
E t se promet par un heureux presage
C este faueur qu'on lit en ton uisage:
D ont elle ayant un coup l'esprouue faitte
D e ses labeurs se tiendra satiffaitte.
E t parainsi,affin qu'elle se sente
D e ce grand heur,a toy elle presente
V n sien escript qui d'Homere est issu,
Et dont le mot, sans plus,ell' a tissu,
A insi que sont Traducteurs coustumiers:

S ont,en effet,les deux liures premiers
D e l'Odyßee en maternel langage,
Qu'elle te prie accepter pour le gage
D u demeurant,que faire el' a desir
s' elle congnoit que tu pregnes plaisir
A uoir sa ueine & son style escouter.

   Tu as uoulu pour Homere gouster,
F aire en François l'Iliade traduire,
D edens laquelle un Achille on uoit luire
D e hardieße & d'armes le uray trait:
E n l'Odyßee un Vlyße est protrait
D e sapience & ruse l'exemplaire:
A chille est tel que rien ne luy peut plaire
s' il ne l'obtient par armes & puißance,
A toutes loix il nie obeißance,
ı l est si fort,si uiolent,& chaud,
Q ue de conseil ny de temps ne luy chaut:
V lyße außi comme luy entreprend,
M ais auec soy lieu,temps & conseil prend:
E t s'il ne peut gaigner le prix en guerre,
ı l fait tresbien par ruse le conquerre:
ı l est pourueu de toute inuention
P our paruenir a son intention:
ı l fait cacher au dedens son secret,
E t l'autre non,si ce n'est a regret:
ᴄ ar a tous coups son courroux & son ire

                              Dedens

Dedens ſa facę ardentę ſe peut lire,
Et fors que ſoy tous auerſaires donte,
Cestui ſoymeſmę & tous autres ſurmonte:
Brief,tous les deux a leurs moyens paruienent,
Et pour un but deux chemins diuers tienent.
 Mais ſi on peut par bon moyen aucun
Faire des deux tant que ce ne ſoit qu'un,
Et ſi on peut enſemble bien lier
Vn homme ſagę & un preux Cheualier:
(Car bien qu'en toy ſe trouuent tous les deux,
Les autres ont a grand' peine l'un d'eux)
Lors de combien ceste puiſſancę unie
Pourra lon uoir plus fortę & mieux munie,
Si qu'elle ſoit de toutę autrę inuincible?
Certainement cela est bien poſſible:
Car ſi on uoit en deux liures traduiz
Fidelement tous les deux introduiz,
Les Cheualiers nobles de ton Royaume
Qui ſont appris a l'eſpeę & au heaume,
Quand par eſcrit les deux contempleront,
Facilement les deux reſſembleront,
Tant qu'on uerra en un ſeul perſonnage
Vn preux Achillę & un Vlyſſe ſage:
Pourueu qu'un peu d'Vlyſſe la froideur
Veuille d'Achillę amoderer l'ardeur.
 Le grand Monarquę Alexandre tenoit

Tousiours Homere, & par cueur l'apprenoit:
Qui sus les uers de ce Poete enquis
Lequel de tous luy sembloit plus exquis,
Vint alleguer un uers qui porte en somme,
Sage en ses faitz, au combat hardi homme.
Bien auoit il le iugement certain,
En approuuant ce uers digne & hautain,
Qui tient en brief la sustance & matiere
De l'Odyssee & l'Iliade entiere.
    Doncq' pour le tout a meilleur effet rendre,
Cestui ouurage ay uoulu entreprendre:
Non qu'il n'y ait en France des espriz
  ar lesquelz soient telz œuures mieux escriz:
 Ais tout le but, tout le point ou ie tens,
C'est de trouuer le moyen & le temps
  e mettre auant par uouloir seruiable
Quelque œuure mien qui te soit aggreable:
Car quand ie uoy tant de gens qui escriuent,
Et qui uers toy de toutes pars arriuent,
Il m'est auis que si leurs rengs ne tien,
Digne ne suis de m'auouer pour tien:
  Et m'est auis, si ie m'addresse a toy,
  Qu'ainsi comme eux tien dire ie me doy.
    Te plaise doncq' doussement receuoir
  Ce que ie t'offre, en faisant mon deuoir
  Et mon effort, que lon uoye dressee

Vne Iliade auec une Odyssee.

    I'y ay uoulu les Epithetes mettre,

En ne uoulant d'Homere rien omettre:

Et m'a semblé sur ce,qu'en les ostant

Hors du François,ce seroit tout autant

Que s'on ostoit d'iceluy mesme liure

Habitz, bancquetz, & manieres de uiure,

Qui iapieça sont d'usage estrangees,

Et en façons bien diuerses changees:

Mais il conuient garder la maiesté,

Et le naif de l'ancienneté,

Pareillement exprimer les uertuz

Des adiectifz dont les motz sont uestuz,

Et bien garder en son entier l'obget

De son Autheur,auquel on est suget.

    Icy uoit on la merueilleuse suite

Du grand Homere en tresbon ordre instruitte:

Car il premet un modeste proesme,

Et par degrez il hausse son Poesme:

Il met en ieu un ieune adolescent,

Lequel entant qu'a tel age est decent,

Et a un filz issu de noble race,

Il fait courtois,sage,& de bonne grace:

Et qui s'en ua par l'instinct de Pallas

Chercher Nestor le sage,& Menelas.

Consequemment son haut sauoir déploye.

E t a deſcrire un Vlyſſe il l'employe.

L ors d'un grand ſtyle il deſcrit ſes erreurs,

E t de la mer les gouffres & horreurs,

S cylle, Charybde, & les autres perilz,

P ar leſquelz ſont ſes compagnons periz,

L es uns par eau, les autres par les mains

D u Leſtrygon, & Cyclop inhumains:

P uis il deſcrit de Circe les uenins,

E t d'elle apres les traittemens benins:

A pres, Vlyſſe aux Enfers eſt allé,

O u aux Eſpriz & ames a parlé:

F inablement en ſa terre uenu,

D e ſes amis a eſté mécongnu.

E t a fallu par combat proceder

A inçois qu'ait peu ſa maiſon poſſeder:

P uis ayant fait des ennemis ueng'ance,

D e tous ſes maux il a eu alleg'ance.

   Voyla en brief d'Vlyſſe le diſcours,

V oyla comment par un ſucceßif cours

L e grand Homere en tel ordre tout rend,

Q ue d'un ruiſſeau fait naiſtre un grand torrent:

M a Muſe außi qui dreſſe ſes appreſtz

P our exprimer Homere de bien pres,

E ſpere bien par ſucceßion croiſtre,

S i tu luy fais ta faueur apparoiſtre.

   Moins & meilleur.

LE PREMIER LIVRE DE
l'Odyssee d'Homere.

ENSEIGNE moy, Muse, le personage
plein d'entreprise & sauoir en son age,
Lequel apres qu'il a eu sacagé
Troye la grand', a long téps uoyagé,
Et en errant les uilles a passees
D'hommes diuers, & compris leurs pensees:
Qui a souffert maintz trauaux perilleux
Dessus la mer, auec soing merueilleux
De rachetter sa uie, & de donner
Moyen aux siens de pouoir retourner:
Mais toutesfois il ne les a peu rendre
En sauueté, quelque soing qu'il seust prédre:
Car ilz sont mors, les pauures indiscrez,
D'auoir osé manger les beufz sacrez
Du haut Soleil, qui pour ce mauuais tour,
Leur a tollu le iour de leur retour.
Fai moy sauoir, Muse du haut Dieu nee,
De quelque part leur male destinee.
    Chacun des Grecz qui estoit suruiuant
De la bataille & naufrage ensuyuant,
Et eschapé du passage mortel,
Desia estoit rendu en son hostel,
Fors seulement Vlysse, lors priué

D e son pais & femme: & captiué
P ar Calypson des Nymphes l'outrepasse,
Q ui le tenoit en sa cauerne basse,
P our l'espouser, s'il l'eust ainsi uoulu.

    Quand toutesfois le temps fut reuolu,
O u les trois Seurs auoient mis leur but droit
Q u'en son pais d'Ithaque reuiendroit,
L a ou pourtant ne pouoit estre admis,
S ans auoir noise a ses propres amis,
C hacun des Dieux auoit de sa fortune
C ompassion, fors seulement Neptune,
L equel gardoit son courage indigné
S us le diuin Vlysse enraciné,
A uant qu'il peust retourner en sa terre.

    Cestui Neptune estoit allé grand' erre
I usqu'aux lointains Ethiopes, epars
E t abouttans les hommes de deux pars,
D esquelles l'ung est l'orient touchant,
L'autre est assise endroit soleil couchant,
V oyant le temps prochain, auquel il tombe
Q u'on fait d'Aignaux & de Beufz l'Hecatombe
A son honneur. la prenoit sa plaisance,
E t assistoit au bancquet en presence.
C e temps pendant estoit la legion
D es autres Dieux dedens la region
D e Iupiter: Et alors parmi eux

Luy pere haut des hommes & des Dieux,
Ayant a cueur le souuenir moleste
D'Egyste occis nagueres par Oreste,
A commencé a tenir propos tel:
  C'est un grand cas que ce genre mortel
Blaspheme ainsi nostre Deité hauté,
Mettant sus nous l'origine & la faute
Quand quelque mal a luy se uient offrir,
Combien qu'au uray ce qui le fait souffrir,
Contre le cours de toute destinee,
Est seulement sa malice obstinee:
Comme d'Egyste on uoit le grand diffame,
Lequel a pris d'Agamenon la femme
En mariage:encor' pis,maintenant
Il l'a tué par fraude en reuenant,
Combien qu'il fust bien instruit du meschef
Qui en deuoit retourner sus son chef:
Car nous l'auons informé du danger,
Luy enuoyans Mercure messager
Meurdrier d'Argus:lequel auerti l'a
De n'accomplir cest homicide la,
Et de sa femme espouse s'abstenir,
Pource qu'Oreste un iour deuoit uenir,
Lequel ayant age de congnoissance,
Et le desir du lieu de sa naissance,
Au fait uenger mettroit toute sa cure:

Voyla les motz que luy a ditz Mercure,
Qui toutesfois n'a point eu de credit
Enuers Egyste, ayant si bien predit:
Or maintenant est il puny au long
De ses forfaitz. Si respondit adoncq'
Dame Minerue aux yeux ardens & uifz,
O pere & Roy, & de Saturne filz,
Tel homme adroit telle fin deuoit faire:
A mon uouloir que ceux de tel affaire
De telle mort puissent finir aussi:
Mais i'ay au cueur un merueilleux souci
Du sage Vlysse, helas, malfortuné,
Qui est banny du lieu ou il fut né,
Et maintenant endure tant de peine
Dedens une Ile au cueur de la mer, pleine
De bois espais: laquelle est possedee
D'une Deesse autresfois procedee
Du sage Atlas, qui sait tous les detroiz
De la mer grande, & a deux piliers droiz
Sus lesquelz sont soustenuz & portez
La Terre & Mer de tous les deux costez.
Dedens ce lieu sa fille par rigueur
Detient Vlysse en misere & langueur,
Et nonobstant par motz doux & naifz
Le ueut contreindre oublier son pais:
Mais luy ayant desir qu'en quelque sorte

21

Il puiſſe uoir la fumée qui ſorte
De ſon terroy, ſoit de loing ou de pres,
Eſt bien content de mourir par apres.
Cela n'a il, o Pere, le pouuoir
De ton cher cueur changer & emouuoir ?
Ne fit il pas a Troye ſon office
Es Grecques naufz ? fit il point ſacrifice
Qui t'aggreaſt ? pourquoy, o Iupiter,
Te ueux tu tant contre luy deſpiter?

Lors Iupiter, qui les nues conduit,
Reſpond ainſi: Ma fille qui t'induit
A telz propos de ta bouche produire ?
Comment pourroi' ic̈ a oublier m'induire
Le ſouuenir d'Vlyſſe que tu nommes,
Qui en ſageſſe excede tous les hommes?
Meſmes qui a tant bien fait ſon office
De faire aux Dieux celeſtes ſacrifice ?
Neptune ſeul ſe tient ainſi greué
Pour l'œil qui fut par Vlyſſe creué
A Polipheme, un Dieu qui ſembloit eſtre
Le plus puiſſant des Cyclops & le maiſtre:
Thoote Nymphe & fille legitime
Au duc Phorcyn, grand prince maritime,
L'a engendré, & fut aimee adoncques
Du Dieu Neptune es parfondes ſpeloncques:
Depuis ce temps, luy qui la terre fiert,

V ray eſt qu'a mort mettre Vlyſſe ne quiert,
M ais il le tient deſſus la mer en ſerre,
T ant qu'il ne peut approcher de ſa terre:
O r a ce coup auiſons de donner
O rdre & moyen qu'il puiſſe retourner:
Q uant a Neptune il faudra qu'il s'appaiſe:
C ar ce ſeroit a luy trop grand malaiſe
D e ſouſtenir ſon courage odieux
S eul alencontre & malgré tous les Dieux.
   L ors dit Pallas aux yeux eſtincelans,
O pere mien, roy des roys excellens,
S' il plaiſt aux Dieux qu'apres ce long eſpace
L e preux Vlyſſe en ſa maiſon repaſſe,
S us doncq',il fault que Mercure uoltige
T out maintenant iuſqu'en l'ile d'Ogyge,
P our a la Nymphe aſſeurément parler
D e noſtre auis,& qu'elle laiſſe aller
L e patient Vlyſſe,& en Ithacque
I' iray parler a ſon filz Thelemacque,
A ffin qu'au uray ie l'inſtruiſe & conſeille,
E t que ſon cueur d'un ardeur ie reueille,
P our les Gregois cheueluz amaſſer,
E t ces faſcheux Pourſuiuans menaſſer,
L eſquelz chez luy tuent moutons a force
E t les gras beufz qui ont la corne torſe:
E t ſus ce point ie luy diray qu'il parte

Pour

P our s'en aller en la cité de Sparte:

D e la en Pile areneuse, chercher

S ongneusement si de son pere cher

P ourra ouyr nouuelle qui soit bonne:

M esmes affin que ce deuoir luy donne

G loire par tout, pour paruenir plus oultre.

    C es motz finiz a ses piedz, ell' accoustre

S es beaux patins de dure immortelle

E t massifz d'or, dont la force estoit telle,

Q ue sus la mer & terre bien souuent

I lz la portoient auec le fil du uent:

P uis elle prend sa hache au bout qui tranche,

L ongue, massiue, & grosse par le manche,

D ont ell' abbat mainte gendarmerie

D' hommes uaillans alors qu'ell' est marrie,

E lle qui a ce pere nompareil

T ant redoutable. En cestuy appareil

D u hault sommet d'Olympe descendit,

E t au milieu d'Ithacque se rendit,

T out droit dauant la porte Vlyßienne:

D edens sa main tenant la hache sienne,

E t ressembloit estant en tel arroy

L' hoste nommé Mente, qui estoit Roy

D es Taphiens. la trouua empeschez

C es importuns Amoureux aux eschez

P assans le temps, & a leur aise assis

Deſſus les peaux des beufz par eulx occis:
La eſcuyers & ualetz a grands troupes
Verſoient les uns du uin dedens les coupes
Auec de l'eau:& les autres auoient
L'eſponge en main,dont les tables lauoient
Et appreſtoient:les uns ſelon leurs charges
Tranchoient la chair en pluſieurs pieces larges.

  Mais Thelemacque au uiſage auenant
La uit de loing le premier en uenant,
Car eſtant ſis entre les Amoureux
Auoit ſon perg en ſon cucur duloreux,
S'il pourroit point reuenir par fortune
Pour diſſiper ceſte bande importune,
Si bien qu'il fuſt en ſon premier honneur,
Et a ſon gré de ſon bien gouuerneur:
Ainſi penſant ſe met a regarder
Dame Minerue: & lors ſans plus tarder
Vers elle ua,marri en ſon cueur tendre
Voyant a l'huys l'hoſte ſus bout attendre
Si longuement:Et luy uenant aupres,
Prend ſa main deſtre, & ſa hache:en apres
Moult doulcement tel propos a tenu:

  Mon bon ſeigneur,ſoyez le bien uenu.
Logez ceans s'il uous uient a plaiſir,
Puis nous direz tantoſt tout a loiſir
Ce qu'il uous fault, apres noſtre repas:

          Ainſi

A insi disant s'auançoit pas a pas,
M inerue apres : lequel l'aiant admise
E n la maison, il a sa hache mise
E t estuyée au long d'un grand pilier
E n lieu tout propre, ou estoit un milier
D'autres bastons d'Vlysse en leur reserue:
P uis sus le throsne il fait assoir Minerue,
E t fait estendre une tapisserie
T oute tissue a riche broderie,
E t soubz ses piedz fait mettre une escabelle:
P uis on apporte une table bien belle,
L oing, & a part des autres Amoureux,
D e peur que l'hoste estant fasché pour eulx
E t leurs bobans, soupast trop a regret:
E t pour sauoir de son pere en segret
Q uelque nouuelle. Apres en ordre honneste
V ne seruante auecques de l'eau nette
D edens un pot d'artifice fort gent
E t d'or massif, en un bassin d'argent
D onne a lauer: Puis la table polie
M et deuant eulx: la clauiere iolie
A ßiet le pain, & plusieurs metz presente,
E n bienueignant l'assemblée presente:
E t puis apres le maistre d'hostel porte
L es platz garniz de chair de toute sorte
D essus la table: & a chacun depart

S a taſſe d'or : l'eſchanſon de ſa part
M et uin ſouuent.tantoſt uienent en place
L es Pourſuiuans marchans de grand' audace,
L eſquelz ſelon leurs eſtatz & bobans
S e ſont aßis par ordre ſus les bancz :
P uis a lauer les eſcuiers leur donnent :
E t ce pendant les chambrieres ordonnent
L e pain d'aßiete en leurs corbeilles grandes :
L ors chacun met la main ſus les uiandes
M iſes ſus table : & pages ordonnez
V erſoient les uins d'eſcumes couronnez
E s taſſes d'or.Ces Pourſuiuans gentilz,
A près auoir ſelon leurs appetitz
B eu & mangé,auoient pour tout penſer
S oing en leur cueur de chanter & danſer :
C ar auiourdhuy les chanſons & les danſes
S ont des bancquetz les urayes deſpendances.
Lors l'eſcuier prend la treſbelle harpe,
E t la pendit a Phemin en eſcharpe,
Lequel chantoit a leurs gaiges loué,
Q ui un motet fort plaiſant a ioué :
Mais Thelemacque a Minerue s'arreſte,
E t ioignant elle il encline ſa teſte,
D e peur qu'aucun ſes deuis ne recueille.
    H oſte,dit il,deſplaire ne uous ueuille
D e mes propos:Certainement ceulx cy

O nt de gaudir & rire le soucy

A bon marché:car ilz mangent le bien

D' un homme absent,sans qu'on leur die rien,

D uquel les os sont quelque part sans tombe

D esia pourriz de la pluye qui tombe

D essus la terre:ou en la mer epars

S ont agitez des flotz de toutes pars:

M ais s'ilz sentoient la uenue de luy

D edans Ithacque,il n'y auroit celuy

Q ui n'aimast mieux bon pié fait a la course,

Q u'or ny argent auoir dedens sa bourse,

N y uestemens d'ouurage riche & fin:

O r est il mort de pitoyable fin,

E t n'en auons plus aucune esperance,

S i tous uiuans nous donnoient asseurance

Q u'il deust uenir:c'est fait l'heure est perie

D e son retour.Mais pour dieu ie uous prie,

M on bon seigneur,& rien ne me celez,

Q ui estes uous?comment uous appellez?

D e quelle uille & parens estes né?

O u est la nef qui uous a amené?

V oz mariniers,pour dieu, de quel endroit,

E t qui sont ilz?pourquoy est ce que droit

A u port d'Ithacque ont leur chemin tenu?

C ar ie ne croy qu'a pié soyez uenu:

E t oultre plus faittes moy assauoir

Pour tout certain,combien il peut auoir
Qu'estes icy: & aussi qu'il m'appere
Si estes point des hostes de mon pere:
Car i'en ay ueu uenir en sa maison
Autres plusieurs & souuent,a raison
Que uolontiers l'accointance suiuoit
D'hommes diuers,ce pendant qu'il uiuoit.
  Minerue alors de rechef parle ainsi:
Ie ne ueux rien uous celer de ceci,
Sachez pour uray que ie m'appelle Mente,
Et filz du sage Anchial ie me uente:
Des Taphiens nauticques ie suis Prince,
Et mon chemin s'addonnoit que ie uinse
Descendre icy,ou ma nef i'ay conduitte
Par la mer noire auec toute ma suitte,
Et par pais estrangers de long temps
En la cité de Temese ie tens,
Ou est le cuyure,affin que i'en rameine
Auecques moy pour du fer que ie meine.
Ma nef qui est nouuellement entree
En ces cartiers,assez loing est ancree
De la cité:& la au port de Rhetre
Soubz le Néuier ombrageux l'ay fait mettre.
Quant a nous deux, bien grand'chose nous semble
Que nous aions des le berseau ensemble
Vn paternel droit d'hospitalité:

Vous

V ous en pouez sauoir la uerité
P ar l'ancien Laërte sans reproche,
Q ui de la uille auiourdhuy point n'approche,
C omme lon dit:il est tout indispos
D e sa personne: & pour uiure en repos,
V n sien chasteau a pris pour sa retraitte,
E t une femme agee qui le traitte,
E t lui accoustre a boire & a manger:
E t ne pouant au trauail se renger,
S e ua trainant au long de son uignoble
B ien cultiué, qui produit liqueur noble.
O r a present me suis ie icy rendu:
C ar i'ay encor' nagueres entendu,
Q ue celuy la dont parlons, uostre pere
E st hors pais, dont le retour prospere
E st retardé par les Dieux iusqu'a ores:
C ar le diuin Vlysse n'est encores
M ort en la terre, ains est uiuant sans faute
D edens une Ile, au plein de la mer haulte
Q ui flotte entour, & la demeure enuis
T enu par gens rudes & inciuilz:
M ais maintenant sus ceste mention,
I e puis preuoir qu'elle est l'intention
D es Immortelz, & de tout cest affaire
V ous diray bien ce qui s'en pourra faire:
E t si ne suis du nombre des deuins,

N y profeſſeur des augures diuins:
C'eſt qu'il ne peut plus long temps ſeiourner
S ans en ſa terre aimee retourner:
L iens de fer le deuſſent ilz tenir,
I l trouuera façon de reuenir:
C ar il eſt plein de ruſe & d'induſtrie.
M ais dittes moy, beau ſire, ie uous prie,
S ans en mentir, eſtes uous tant heureux,
Q ue ſoiez filz d'Vlyſſe genereux?
C ar a bien uoir ceſte face, en effet,
E t ces beaux yeux, uous luy ſemblez tout fait:
C ar bien ſouuent luy & moy par rencontre
E ſtions enſemble, auant qu'il allaſt contre
T roye la grand', ou des Grecz les plus braues
A llerent lors en leurs nauires caues.
D epuis le temps l'un l'autre en nul paſſage
N ous n'auons ueu. Thelemacque le ſage
R eſpond alors: Hoſte, pour choſe ſeure,
I e uous diray, c'eſt que ma mere aſſeure
Q ue ie ſuis filz d'Vlyſſe legitime:
M ais ie n'en ſay ſinon que par eſtime:
C ar iuſqu'icy homme ne print naiſſance,
Q ui de ſon pere euſt uraie congnoiſſance.
L as qu'il m'eſt grief de ce que ne fu né
D e quelque pere homme mieux fortuné,
L'age duquel caduc & impuiſſant

L'euſt

L' euſt peu trouuer de ſon bien iouiſſant!

M ais maintenant par tout ie ſuis tenu

F ilʒ de celuy,lequel eſt deuenu

L e plus chetif & moins noble du monde,

P uis que uoulez qu'a cela uous reſponde.

   Lors la Deeſſe aux eſtincelans yeux

R eſpond ainſi: Certainement les Dieux

O nt deſormais bien pourueu de leur grace

Q u'eſtre ne puiſſe obſcure uoſtre race,

V ous aiant tel Penelope produit,

M ais ie uous pri' dittes moy,quel déduit

E t quel bancquet eſt cecy,quand i'y penſe?

Q u'eſt il beſoing d'une ſi grand' depenſe?

Q ue ſignifie aſſemblee ſi groſſe?

E ſt ce un bancquet,ou ſi c'eſt une noce?

C ar ce n'eſt point diſner de compagnie

Q uotidienne:o que ceſte meignie

E ſt exceſſiue,& bien hors de raiſon

D'ainſi deſtruire une bonne maiſon!

H omme n'y a quant cecy auroit ueu,

I' entens qui fuſt de iugement pourueu,

Q ui n'euſt horreur du deſordre impudent.

A quoy reſpond Thelemacque prudent:

   Hoſte,dit il,puis que m'auez requis,

E t de ſi pres uous uous eſtes enquis,

C eſte maiſon eſtoit digne & capable

D e demeurer entiere & incoupable,

F ust le seigneur absent en lointains lieux:

M ais autrement est le uouloir des Dieux

M al affectez,lesquelz l'ont estably

S us tous humains pauure & desanobly:

C ar si auec ses autres citoyens

E ust esté mis a mort par les Troyens,

I e n'en auroie en mon cueur telz regretz:

O u s'il fust mort entre les mains des Grecz:

S es bons amis,aiant fini la guerre:

C ar pour cela ilz l'eussent mis en terre,

E t erigé un triomphant tombeau,

T ant qu'a son filz un renom clair & beau

E n fust uenu d'eternelle memoire:

M ais maintenant les Harpyes sans gloire

L' ont enleué:il est euanouy

S ans que i'en aie aucun renom ouy:

E t m'a laißé apres le sien trespas

P leurs & ennuiz:Encores n'est ce pas

L e seul obgect qui me fait souspirer,

L es Dieux d'ailleurs m'ont uoulu martirer:

C ar il n'y a nul gentilhomme riche

D es habitans de l'ile de Duliche,

L' Ile de Same & zacynthe l'ombreuse,

E t nul seigneur d'Ithacque la scabreuse,

Q ui tous ma mere a l'enuy ne demandent

E n mariage:& fans cesse gourmandent
N oftre maifon:elle toute confufe
N e l'a a gré,& fi ne le refufe,
E t fi ne peut l'accorder par raifon:
E t ce pendant ilz mangent ma maifon
T oute mangee:& fi n'attens que l'heure
Q u'apres cecy ma uie n'y demeure.
   De grand' pitié fut emue Pallas
s us ces propos:& dit ainfi:Helas,
I e congnoy bien au uray que depieça
A uez befoing d'Vlyße pardeça,
Qui de fes mains puiffantes extermine
C efte nuyfante & fafcheufe uermine:
C ar s'il eftoit de retour maintenant,
A u premier huys du logis fe tenant,
L' armet au chef,l'efcu en fa feneftre,
D eux iauelotz acerez en fa deftre,
T el qu'il eftoit lors que prins congnoiffance
A uecques luy,& qu'en refiouiffance
I l beut chez nous, a fon retour d'Ephyre,
O u il eftoit allé en fon nauire
I le chercher de Mermere le filz,
Q ui luy baillaft quelques uenins confitz,
D efquelz il peuft fes traitz empoifonner:
Q ui ne uoulut pourtant luy en donner,
C raignant les Dieux qui font perpetuelz:

M on pere adonc pour les cueurs mutuelz
Qu'auoient entr' eux, luy en fit le present.
O r si Vlysse en tel ordre a present
E stoit icy, & sus eulx uint courir,
I l les feroit sus le champ tous mourir:
C roiez qu'alors les noces pretendues
s eroient a tous bien cherement uendues:
M ais pour certain tout despend des autelz,
E t du uouloir des hautz dieux immortelz,
s i luy estant en sa maison remis,
s e uengera de tous ses ennemis:
O r quoy que soit, ie uous enioins bien fort
P enser comment pourrez a tout effort
C es Poursuiuans hors de ceans bouter:
M ais uenez ça, ie uous pri' m'escouter,
E t a mes motz tenir esprit & main:
I l uous faudra conuoquer dès demain
L es nobles Grecz, ausquelz tous parlerez,
E t a tesmoing les Dieux appellerez:
A ux Poursuiuans franchement pourrez dire,
Q ue chacun d'eulx sus le sien se retire:
E t au parsus si uostre mere a ores
D eliberé se marier encores,
V ous luy direz qu'ell'aille en la maison
D u pere sien homme riche a foison,
L equel fera les noces & la feste,

Et donnera

E t donnera un mariage honneste
S elon l'estat de sa noble famille,
E t comme un pere a sa treschere fille:
M ais ie uous ueux donner en cest affaire
B ien bon conseil, mais que le ueuillez faire:
P ouruoiez uous d'une nef qui soit forte
E t bien maßiue, & qui uingt rames porte,
S' irez chercher homme qui uous réuele
D e uostre pere absent quelque nouuelle,
O u si de luy par Iupiter orrez
L e bruit qui rend les hommes honorez.
P remierement Pyle uous faut querir,
E t au diuin Nestor uous enquerir:
De la en Sparte addresser ie uous ueux
A Menelas qui a les blons cheueux:
C ar il reuint tout le dernier des Grecz,
Q ui portent tous de fer les hallecretz.
P uis si trouuez que uostre pere on tiegne
E ncor' uiuant, & mesmes qu'il reuiegne,
V ous pourrez bien nonobstant tout ennuy,
E ncores uiure une annee sans luy:
M ais si le bruit de sa mort est constant,
V ous reuiendrez pardeça tout contant
L uy eriger un sepulchre celebre,
E t preparer un obseque funebre
M oult solennel tel qu'il appartiendra:

P uis marier uostre merε il faudra.

M ais quand aurez ainſi fait ces appretz,

E t mis a chef,uous faudra en apres

T ous uoz eſpriz & ſens euertuer,

T ant que puiſſiez ces Pourſuiuans tuer,

Q ui font ceans ſi grand dommage & perte,

O u ſoit par fraudε,ou ſoit par uoyε aperte:

E t deſormais ce n'eſt plus la façon,

Q ue uous ſentiez uoſtre petit garſon:

C ar uous ſauez que n'eſtes plus enfant.

V oyez uous pas quel renom triomphant

L e noblε Oreſtε enuers tous les humains

A emporté,pour auoir de ſes mains

N aguerε occis Egiſte deſloyal

I nterfecteur de ſon pere royal?

A ceſte cauſε,ami, ie uous enhorte

V ous uoyant franc,& de gentille ſorte,

P renez couragε,affin qu'aiez quelquun

P our uous louer auſſi enuers chacun

A pres la mort.Mais moy qui trop ſeiourne,

A mon nauirε a haſte ie retourne:

M es compaignons ſeront bien mal contens

Q ue les ay fait attendre ſi long temps.

O r ie uous pri' qu'a mes motz entendez,

E t les aiez pour bien recommandez.

   Lors le prudent Thelemaq' repondit,

HO e,

H oste,dit il,certes uous auez dit

E n uray amy sagement a merueille,

E t comme un pere a son enfant conseille,

E t tous uoz ditz iamais de l'esprit mien

N e sortiront.Mais faittes moy ce bien

D' attendre un peu,beau sire,uous n'auez

P as si grand' haste,au moins que ne lauez:

P uis ayant pris par amitié loyalle

Q uelque present,en ioye cordialle,

V ous en irez:ie uous feray un don,

F ort riche,& beau,qui sera pour guerdon

D e nostre amour,gardé en uostre coffre,

A insi qu'un hoste a un hoste fait offre.

S i luy respond la Deesse au surplus:

L' heure n'est pas que me retenez plus,

I' ay de partir tresurgemment affaire:

M ais quant au don que uous me uoulez faire

D e si franc cueur,c'est pour une autre fois,

M oy de retour du pais ou ie uois,

E n repassant le porteray tout droit

E n ma maison:apres en mon endroit

T ant plus honneste & beau ie le prendray,

T ant plus honneste & beau le uous rendray.

A yant Minerue acheué la parolle,

C omme l'oiseau Anopee s'en uolle

L egerement:& partant de la place,

C

M et au ieune homme une force & audace

D edens le cueur, & mesmes luy imprime

D e son cher pere un souuenir intime

P lus que iamais, si bien qu'en ses espriz

F ut tout pensif, & de frayeur espris:

C ar il congnut que ce messager la

E stoit un Dieu. Sus ce point s'en alla

A ux Poursuiuans, qui moins homme que Dieu

D esia sembloit: & ueit comme en ce lieu

L e menestrier expert par excellence

L es esbatoit: Eux assis en silence

 T ous escoutoient ce chant moult aggreable.

I l leur chantoit le retour pitoyable

D es seigneurs Grecz de Troye la cité,

A uquel estoit par Minerue incité.

 C e chant diuin penetre & enuelope

L' interieur esprit de Penelope

F ille d'Icaire, en oyant ces regretz:

S i descendit a coup les haultz degrez

D e la maison: & n'estoit sans conduitte,

M ais ell' auoit deux seruantes de suite:

L aquelle estant arriuee a la bende

D es Poursuiuans, aiant sa riche bende

A utour du front, des femmes l'outrepasse,

S e tint a l'huis de la sallette basse,

 T ant bien ouuree, & une damoiselle

Auoit

A uoit deça & dela apres elle:
S i a parlé, en larmoyant parmy,
A u meneſtrier:Dea Phemin mon amy,
V ous ſauez tant d'attraiz melodieux,
T ant de hautz faitz & d'hommes & de Dieux,
E ſquelz on trouue & plaiſir & ſaueur,
E t deſquelz ont les meneſtriers faueur:
S onnez leur doncq' lun de ces chans diuins
E n uous ſeant,pendant que ces doulx uins
B euuent en ioye:& uous pri' qu'on deſiſte
D e plus chanter ceſte note ſi triſte,
Q ui mon las cueur me fait trembler au uentre,
E t en l'oyant, dedens mon eſprit entre
V ne triſteſſe ennuyeuſe a merueille:
C ar un record & regret me réueille
D e mon mary,dont la gloire eſt au large
C ourant parmy la Grece & parmy Arge.
   Q uant le prudent Thelemacq' l'entendit
A inſi parler,tel retour luy rendit:
D' ou uient cela,dit il,dame ma mere,
Q ue uous auez triſteſſe ſi amere
D' un meneſtrier qui paſſetemps nous donne
D e quelque chant ou ſon eſprit s'addonne?
L es meneſtriers n'ont le gouuernement
D e leurs chanſons,ainçois diuinement
D e Iupiter ſont faittes & cauſees,

                              C

Et par luy ſont en l'eſprit expoſees
Des inuenteurs a ſon diuin arbitre:
Ce chantr'icy uous blaſmez a faux tiltre
Pour le malheur des Grecz auoir ioué:
Car celuy chant des hommes eſt loué
Bien uolontiers, auquel eſt contenu
Quelque diſcours freſchement auenu.
Ie uous ſupply' faſchee ne ſoyez
En uoſtr'eſprit du chant que uous oyez:
Vlyſſe ſeul n'a eſté miſerable,
D' auoir perdu le iour tant deſirable
De ſon retour: il y en a aſſez
D' autres qui ſont a Troye treſpaſſez:
Vous ſeriez mieux, d'eſtr'ores amuſee
Tout apart uous filant uoſtre fuſee,
Duquel meſtier ſont les femmes ouurieres,
En commandant auſſi a uoz chambrieres,
Et trauailler uous toutes parenſemble:
Quant aux propos de conſeil, il me ſemble
Qu'aux hommes ſeulz en appartient le ſoing,
Meſmes a moy, ainſi qu'il eſt beſoing
Qu'en ma maiſon ie me façe obeir.
    Elle l'oyant s'eſt priſe a s'eſbahir,
Et ſans mot dir'en hault eſt remontee:
Car de ſon filz la parolle a notee
En ſon eſprit luy ſemblant fort diſcrette:

                                    Et ell

Et elle entre en sa chambre secrette
Auec ses deux damoiselles en ordre,
Tousiours pleuroit, & la uenoit remordre
Vn dur regret d'Vlysse son espoux,
Iusques a tant qu'un sommeil souef & doulx
Dame Minerue aux yeux luy a infus:
Et ce pendant ces Amoureux confus
Tous murmuroient par la maison obscure,
Et de s'assoir sus les litz auoient cure:
Vers lesquelz s'est Thelemacque auancé,
Et puis leur a tel propos commencé:
   Vous Amoureux de ma mere affollez,
Et qui si fort nostre maison foullez,
Ca bancquetons en ioye, ie uous prie,
Tout a loisir, & que plus on ne crie:
Penser ne fault que de se resiouir:
Car il fait bon un menestrier ouir
Tel que cestuy, qui est pareil aux Dieux
En uoix plaisante & chant melodieux.
Demain uenu, nous nous amasserons,
Et quant assis tous ensemble serons,
Ie parleray, comme parler ie doy,
A uous ainsi: sus, uuidez de chez moy,
Allez chercher autre part uoz bancquetz,
Allez manger uoz terres & acquestz,
Et uous traittez chacun son tour ensemble

E n uoz maiſons:Mais ſi cela uous ſemble
H onneſtẽ & bon de manger la ſuſtance
D' un homme ſeul,ſans nulle reſiſtance,
B ien,mangez la:mais les Dieux eternelz
P roteſteray auec ueux ſolennelz,
Q ue ſi iamais Iupiter ueult donner
Q ue uoz forfaitz ſe puiſſent guerdonner
S ans que uiuant uous puiſſe ſecourir,
I e uous feray ceans treſtous mourir.

  I ncontinent qu'il leur eut ce mot dit,
C hacun d'entr' eux les leures ſe mordit,
S' eſmerueillans de ce propos ruſé,
D ont Thelemacque a hardiment uſé.

  L ors Antinois filz d'Eupithe luy fait
R eſponſe ainſi:Thelemacq',en effet,
L es Immortelz te mettent en la langue
V ne treſuiue & hautaine harengue:
E t pour autant ce n'eſt noſtrẽ auantage,
B ien que ce ſoit a ta racẽ heritage,
Q ue Iupiter te face Roy d'Ithacque.

  A quoy reſpond le ſage Thelemacque:
O Antinois, ſi de ma hardieſſe
E ſtiez cent fois plus esbahy, ſi eſt ce
Q ue ie uoudroï que le dieu Iupiter
D' un ſi grand bien m'euſt uoulu heriter.
E ſtimez uous que ſoit choſe mauuaiſe

Pour les humains? certes ne uous defplaife,
Regner n'eft point eftat qui mauuais foit,
Pource qu'un Roy en l'inftant s'apperçoit
Que fa maifon profpere & fait grand fruit,
Et luy en uient plus d'honneur & de bruit:
Mais il y a maintz Roys & gentilz hommes
Dedens la Grece & Ithacque ou nous fommes,
Ieunes & uieulx, defquelz fe trouuera
Peut eftre aucun qui noftre Roy fera,
Puis que le noble Vlyffe eft orendroit
Mort & peri: Mais fi ay ie ce droit,
Que ie fuis Roy par fus noftre famille,
Et fus les ferfz amenez de la pille,
Qu'il m'a donnez. Lors refpond Eurymacque
Filz de Polybe, O amy Thelemacque,
Cela defpend du ueuil & des fecretz
Des Dieux hautains, lequel de tous les Grecz
Doit eftre Roy en Ithacque tenu:
Mais c'eft raifon que de ton reuenu
Sois gouuerneur, & maiftre en ton hoftel:
Car comme croy n'y aura homme tel
Par le pais d'Ithacque, qui s'efforce
De te piller ton reuenu par force:
Mais ie te pri', cher amy, s'il te plaift,
C'eft hofte icy conte nous qui il eft:
De quel cartier dit il eftre parti?

De quelle gent & lieu est il sorti?
T'apporte il point nouuelles de ton pere?
Ou si c'est point quelque bien qu'il espere,
Qui l'auroit fait en ces lieux arriuer?
Pourquoy si tost s'est il uoulu leuer
Pour s'en aller? pourquoy auoit il peur
D'estre congnu? car il n'est point trompeur,
A tout le moins il n'en a le uisage.
Lors luy respond Thelemacque le sage:
    O Eurimacque, il est seur que iamais
Ne reuiendra mon pere, & desormais
Ie ne me ueux aux pelerins enquerre
S'ilz l'ont point ueu uenir de quelque terre:
Et ne me chaut de ce mot prognosticque
Que nous en dit ne say quel fantasticque
Magicien, que sit uenir ma mere:
Cestuy cy est des hostes de mon pere,
Il est de Taphe, & si s'appelle Mente,
Et filz du sage Anchial il se uente:
C'est celuy la qui domine enuiron
Les Taphiens, grans tireurs d'auiron.
    Luy ce pendant disant parolle telle
Bien congnoissoit la Deesse immortelle:
Eulx ilz s'en uont baller & resiouir,
Tous amusez a ce doux chant ouir,
En attendant que le soleil fust bas.

E t ce pendant qu'ilz prenoient leurs esbatz,

V oicy uenir le uespre desia noir:

L ors ilz s'en uont chacun en son manoir

T ous sommeillans se coucher au depart:

M ais Thelemacque auoit sa chambre a part

H aut erigee au palais de beau lustre,

A ßise en lieu eminent & illustre:

D roit en ce lieu pour reposer il ua,

E t plusieurs cas en son cueur pensif à:

L a damoiselle Euriclee le guide

Q ui fille estoit d'Ope Pisenoride,

P ortant dauant deux flambeaux:& fut celle

Q u'achetta,lors bien petite pucelle,

D e son auoir Laërte le bon homme,

Q ui en donna de uingt toreaux la somme.

Il luy faisoit autant d'honneur & chere

E n la maison comme a sa femme chere:

M ais de son lit il ne faisoit approche,

C ar de sa femme il craignoit la reproche.

C'est celle la qui estoit coustumiere

A u soir porter dauant luy la lumiere,

E t si auoit amitié plus feruente

A u ieune filz que nulle autre seruante,

C ar la mamelle el' luy auoit offerte

D es le berseau.si a la porte ouuerte

D u cabinet richement composé:

PUIS

P uis sus le lit en son seant posé,

S a robe souple acoup a despouillee,

E t l'a es mains de la vieille baillee,

Q ui eut le soing de tenir nettement,

E t bien plier ce riche vestement:

E t puis apres moult gentiment le gette

S us une perche aupres de la couchette.

T out cela fait, de ce lieu se retire,

L' huis en sortant par l'anneau d'argent tire:

F inablement a la barre pendue,

D' une conroye au trauers estendue.

I. uy de la peau d'une brebis couuert

T oute la nuit auoit l'esprit ouuert,

C omme il deuoit le chemin disposer

Q ue luy uenoit Pallas de proposer.

LE SECOND LIVRE DE

L'ODYSSEE D'HOMERE.

Q V A N D la uermeille Aurore, produisant

L e point du iour, fut sus terre luisant,

L e filz trescher d'Vlysse tout subit

D u lit se leue, & prend son riche habit,

E t son espee a l'aceree pointe

E ntour l'espaule en escharpe il appointe:

P uis soubz ses piez faittiz a assorti

s es beaux ſouliers. En l'eſtat eſt ſorti

D u cabinet, ſemblable, qui l'euſt ioint,

A quelque Dieu. Lors ſoudain il enioint

A ux trompeteurs pour tel affaire eluz

D e conuocquer les Greg'ois cheueluz

A l'aſſemblee: Iceux les appellerent,

Q ui tout ſoudain a ce cry s'aſſemblerent:

L eſquelz uenuz & amaſſez tous preſtz,

A u conſiſtoire il s'en alla apres,

S a forte hache en ſa main il tenoit,

E t n'eſtoit ſeul, mais auec ſoy menoit

D eux chiens legers le ſuiuans a la trace:

S i luy inſpire une diuine grace

D ame Minerue: & le peuple a monceau

S' eſmerueilloit de uoir le Iouuenceau

E n arriuant au conſeil ſolennel,

I l s'eſt aſſis au throne paternel:

T ous les Seigneurs, & meſmes les plus uieux

L uy ont fait place. Et alors parmi eux

V int harenguer le prince Egyptien,

C ourbe & uoulté tant eſtoit ancien:

I l eſtoit ſage, & beaucoup il ſauoit,

E t autresfois un cher filz qu'il auoit

L e preux Vlyſſe a Troye auoit conduit,

T roye la grand' qui beauz cheuaux produit:

I l s'appelloit Antiphe homme a la main,

Qui fut tué du Cyclop' inhumain
En sa caverne: & de tous fut celuy
Qui le dernier fut deuoré de luy:
Trois autres filz auoit encor' uiuans,
L'un qui hantoit auec les Pourſuiuans
Dit Eurymon: les autres deux eſtoient
A la maiſon, qui ſans ceſſe traittoient
L'art de leur pere: & luy pour tout cela
Ne pouoit pas oublier celuy la,
Le regrettant auec ennuy & deuil:
Si commença en gettant larmes d'euil
A harenguer d'une uoix foible & tendre:
    O Ithaquois, dit il, ueuillez entendre
A mon parler: il eſt aſſez notoire
Que n'auons point tenu le conſiſtoire
Ny le conſeil par accord unanime,
Depuis le temps qu'Vlyſſe magnanime
Partit d'icy en ſes uaiſſeaux cauez:
Mais maintenant dittes, ſi uous ſauez,
Qui c'eſt qui a ce concile excité:
Auquel pourroit ſi grand' neceſſité
Eſtre auenue entre tant que nous ſommes,
Soient iouuenceaux ou deſia agez hōmes.
Y a il point perſonne qui recite,
Que l'on ait ueu reuenir l'exercite,
Affin qu'a tous publicquement réuele

D' ou il en sait la premiere nouuelle?
O u s'il a point quelque cas fauorable
A proposer? Il est fort secourable
Q uiconque il soit, & de tresbon affaire:
A mon uouloir que tout ce qu'il ueult faire
H eureusement Iupiter l'accomplisse.
Ainsi a dit: & le cher filz d'Vlysse
F ut tout ioyeux, alors qu'il apperceut
L ouer son pere, & tenir ne se seut
L ong temps assis, ains auec promptitude
D e haranguer dauant la multitude
E n plain milieu de tous il s'est planté:
E t puis luy a le sceptre presenté
L e trompeteur Pisenor, fort sauant
E n bon conseil. Si s'approche en auant
V ers le bon homme, & a parlé ainsi:
P ere, dit il, il n'est pas loing d'icy
C eluy qui c'est, & le saurez tantost:
C est moy qui ay fait assembler si tost
C e peuple icy, pour ce que grandement
S uis affligé en mon entendement:
N on, ie n'ay ueu personne qui recite
Q ue lon ait ueu reuenir l'exercite,
A ffin qu'a tous en publicq' ie réuele
D ou i'en ay seu la premiere nouuelle:
E t aussi n'ay ie aucun cas fauorable

A propoſer:mais moy,las,miſerable

T ant ſeulement ueux propoſer le trouble

D e ma maiſon,qui m'eſt auenu double:

L e premier eſt,que mon cher perɇ & doulx

A y ia perdu,Meſſieurs,qui d'entre uous

I adis fut Roy,& tant qu'il l'a eſté

S' eſt monſtré plein de debonnaireté:

L'autre meſchef qui eſt encor' plus grief,

Q 'ui ma maiſon ruinera de brief,

E t ne faudra a deſtruire ma uie,

C 'eſt que ma merɇ eſt chez nous pourſuiuɇ

C ontre ſon gré de muguetz angoiſſeux

E t importuns:ce ſont les filz de ceux

Q ui ſont icy,gens d'honneur non uulgaire:

I lz n'oſent pas s'en aller a Icaire

L e pere d'ellɇ,affin qu'il luy ordonne

S on mariagɇ,& meſmes qu'il la donne

A l'un d'entr' eux ou ſe uoudra fier,

E t uiegnɇ a luy pour luy gratifier:

T rop bien,dedens noſtre maiſon ſe ruent,

B eufz & moutons,& graſſes cheures tuent,

F aiſans bancquetz tous les matins & ſoirs

F ort ſomptueux,& beuuans noz uins noirs

A leur plaiſir,& tout a grand' foiſon:

C ar maintenant n'y a en la maiſon

Homme de cueur commɇ a eſté Vlyſſe,

Q ui preferuer de dommage la puiſſe:

Q uand eſt de nous,telz nous ne ſommes point

D e nous pouoir reuenger,auſſi ioint

Q ue ſommes tous ⁊ foibles ⁊ ſans armes,

E t non inſtruiz aux martiaux allarmes:

M ais de ma part ſi i'eſtoie aſſez fort,

I e uengeroi' uolontiers ceſt effort

Q ue lon me fait : car y a il raiſon

Q ue lon deſtruiſe en ce point ma maiſon?

E ndurez en,uous Meſſieurs,les reproches,

E t tenez bon contre uoz uoiſins proches

D'icy autour:au moins craignez les Dieux,

Q ue quelque fois par courroux odieux

S us uoſtre chef ne detournent l'iniure:

P ar Iupiter celeſte uous aiure,

E t par Themis qui hommes deſaſſemble

E t leur conſeil,⁊ les fait ſoir enſemble,

C eſſez amis,ceſſez ,ie uous en prie,

E t permettez que ie lamente ⁊ crie,

E t que tout ſeul mes iours ainſi finiſſe:

S i ce n'eſtoit que mon cher pere Vlyſſe

E uſt autresfois en ſon marri courage

A ux fors Greg'ois machiné quelque outrage,

E t de ces maux recors ⁊ irritez

C eulx cy aiez contre moy ſuſcitez,

E t que ie ſoye encores bien tenu.

Que vous mangiez mon bien & revenu:
Et puis qu'ainsi vous mesmes le mangez,
Nous en serons, peut estre, un iour vengez:
Car au conseil nous nous amasserons
Souuent & tant, & ia ne cesserons
De demander nostre bien pretendu,
Iusques a tant que tout nous soit rendu:
Mais maintenant sans cause ny couleur
Vous me donnez au cueur ceste douleur.

    Apres ces motz, pour le deuil qui le serre,
Le royal sceptre a getté contre terre,
Des pleurans yeux fontaines degouttant,
Dont eut pitié tout le peuple escoutant.
Lors en silence est demeuré chacun,
Et nul ne peut respondre mot aucun
A u propos graue & rassis qu'il leur dit,
Fors Antinois, lequel seul respondit:

    Tu es dit il, trop fier & prompt a dire,
O Thelemacque, & impatient d'ire:
Ie n'entens point ce que nous improperes,
Nous ueux tu bien faire telz uituperes?
Non non, les Grecz Poursuiuans ne sont point
Cause du mal & douleur qui te point,
Mais seulement celle que tu excuses
Ta mere instruitte en cautelles & ruses:
Car desia est expiré l'an troisiesme,

Et tost

E t tost sera acheué le quatriesme,

Q u'elle tousiours les cueurs de nous Greg'ois

T ient en suspens,& tous sans aucun chois

F ait esperer,& a chacun transmet

V n messager,& a part luy promet:

M ais ell' a bien la pensee diuerse,

A yant songé une astuce peruerse

E n son esprit:& pour luy donner uoile,

E ll' a assis une piece de toile

S us le mestier menue & de long œuure:

P uis tout soudain a nous tous se descœuure,

E n nous disant:Messieurs mes poursuiuans,

P uis que n'est plus au nombre des uiuans

L e preux Vlysse,un peu uous faut attendre,

E t ne laissez a mes noces pretendre,

I usques a tant qu'au bon homme Laërte

(Car ie ne ueux de mon fil faire perte)

I' aye acheué un funeral habit :

Q ue quant uiendra le iour de son obit,

I e ne soy' point par les matrones Grecques

B lasmee au peuple,en faisant les obseques

E t enterrant sans robe un personnage,

Q ui fut si riche & puissant en son age.

A insi disoit,& nous encor' un coup

G ens de bon cueur esperames beaucoup.

O r bien,de iour sa toile a longs ennuiz

Elle tiſſoit:mais puis apres les nuitz
En desfaiſoit autant a la chandelle:
Ainſi trois ans par la fineſſe d'elle
Furent les Grecz en ceſt eſpoir tenuz.
Le temps prefix,& les quatre ans uenuz,
Vne ſeruante ayant de tout cela
Certaine eſprouue,en fin la decela,
En nous diſant:nous l'auons apperceue
Qui desfaiſoit ſa toile bien tiſſue,
Laquelle auoit finie par contreinte
Contre ſon gré.Si te diſent ſans feinte
Les Pourſuiuans,affin que n'en ignores
En ton eſprit,ny tous les Grecz encores,
Ne retien plus ta mere,& la renuoye,
L'auertiſſant que de brief ſe pouruoye
D'un mariage au bon gré de ſon pere,
Et d'elle auſſi:mais s'elle delibere
De trauailler long temps les filz des Grecz,
Voulant s'aider des tours fins & ſegretz,
Et du meſtier,de l'eſprit,& du ſtile
Qu'ell' a appris de Minerue ſubtile,
Voire plus grand que femme n'a oncq' eu,
Et meſmement celles qui ont ueſcu
Par cy dauant en ces cas honorees,
Femmes de Grece aux perrucques dorees,
Tiron,Alcmene,& Micene la blonde:

Le hault

L e haut ſauoir dont Penelope abonde
E ſt de beaucoup celles la ſurmontant:
M ais le uray point n'a entendu pourtant:
C ar ta ſuſtance & tout ton reuenu
I lz mangeront treſtous par le menu,
T ant qu'ell' aura ce cueur, que par doctrine
L uy ont les Dieux fiché en la poictrine.
V ray eſt qu'a ell' en uient bien grand' louange,
M ais ce pendant ton reuenu ſe mange:
D e nous, iamais n'irons a noz negoces,
N y autre part, iuſqu'a tant que les noces
C onclutes ſoient, tout a ſon gré & chois
A uecques l'un de nous autres Gregʼois.

  L ors le prudent Thelemacque luy dit:
O Antinois, la raiſon m'interdit
D e dechaſſer, tant qu'ell' y uoudra eſtre,
D e ma maiſon celle qui m'a fait naiſtre,
Q ui m'a nourry: Mon pere pour certain,
S oit uif, ſoit mort, eſt en pais lointain:
E t pourautant me faſcheroit beaucoup
D e rendre ainſi pluſieurs choſes au coup
A u pere Icaire, en dechaſſant ma mere:
E t puis ie crains les noiſes de mon pere,
E t Dieu auſsi, lequel me punira
D' autre malheur: Car quand el' s'en ira
D e la maiſon, auec ſes marriſſons

M e donnera cent mille maudiſſons,
D ont ie ſeray enuers tous deſormais
S candaliʒé:Cela fait que iamais
I e ne pourroye auoir ſi marri cueur,
D e luy tenir telʒ termes de rigueur.
M ais ſi en uous aueʒ deuil & émoy
D e tout cela,ſus,uideʒ de cheʒ moy,
A lleʒ chercher autre part uoʒ bancquetʒ,
A lleʒ manger uoʒ terres & acqueſtʒ,
E t uous traitteʒ chacun ſon tour enſemble
E n uoʒ maiſons:Mais ſi cela uous ſemble
H onneſte & bon de manger la ſuſtance
D' un homme ſeul,ſans nulle reſiſtance,
B ien,mangeʒ la:mais les Dieux eternelʒ
P roteſteray auec ueuʒ ſolennelʒ,
Q ue ſi iamais Iupiter ueult donner,
Q ue uoʒ forfaitʒ ſe doiuent guerdonner,
S ans que uiuant uous puiſſe ſecourir,
I e uous feray cheʒ moy treſtous mourir.
　　E ncor' ces motʒ Thelemacque acheuoit,
Q ue Iupiter qui tout au large uoit,
L uy a tranſmis des Aigles par les nues,
Q ui du ſommet d'un haut mont ſont uenues
T enans leur uol ſelon le uent,& elles
S' entreioignoient en demenant les ælles:
P uis quand ce uint qu'eurent fait leur deſcente,
　　　　　　　　Et abbordé

Et abbordé la noblesse presente,
A lentour d'eux elles ont fait entorse,
Et ont secous des plumes a grand' force:
Et ne cherchoient de tous que le uisage,
En denotant de meurdre le presage:
La face & yeux des grifes leur poignoient,
Et tout entour le col leur empongnoient:
De la ont fait impetuosité
Du costé droit par toute leur cité
Et leurs maisons: Et grand' frayeur ilz eurent,
Quand de leurs yeux ces oiseaux apperceurent:
Et a part soy uindrent imaginer
A quelle fin tout deuoit terminer.

Lors a parlé le uieil prince Alitherse
Filz de Mastor, pource qu'en la diuerse
Bende de ceux qui l'auoient conuersé,
Il estoit seul qui s'estoit exercé
A bien iuger des oiseaux & augures,
Et rapporter leurs signes & figures:
Luy qui auoit bon auis & raison,
Aux assistans a fait telle oraison:

O Ithacquois, ie uous pri' qu'on escoute
Ce que diray: & ma parolle toute
Expressement aux Pourfuiuans s'addresse,
Contre lesquelz un grand malheur se dresse:
Car ie uoy bien qu'Vlysse ne doit plus

D iii

De son pais estre long temps exclus:
Mais sa uenuë estant prochainë & preste
Contr'eux trestous il bátist & appreste
Grand meurdre & mort: & de ce dur encombre
Se sentira mesmement un grand nombre
De ceux d'Ithaquë endroit midy aßise:
Mais ie uous pri' qu'entre nous soit decise
Ceste matierë en consultation,
Faisons aux Dieux la supplication
Pour détourner de uous la malheurté,
Et ce bien tost, pour uostre grand' seurté:
Ie ne metz point tout cecy en auant
A la uoleë, ainçois comme sauant:
Car ie uous dy que tout aura effet,
Commë autresfois discours luy en ay fait,
Quand les Greg'ois s'en allerent d'icy
Iusques a Troyë, & auec eux außi
Le sagë Vlysse: & luy predi comment
Il souffriroit grand ennuy & torment,
Et que tous ceulx de sa bendë il perdroit:
Puis la uingtiesme annee reuiendroit
En sa maison, incongnu de tout hommë:
Or maintenant tout cela se consomme
De point en point. Eurymacque susdit
Filz de Polybë, en ce point respondit:
Allez uous en chez uous, o faux uieillard,

A llez porter a uoz filz ce uieil art
D e prophetie,affin qu'aucun meschef
A l'auenir ne tombe fus leur chef:
I e pourroi' bien mieux que uous deuiner
D e tout cecy: car on uoit cheminer
P lusieurs oiseaux soubz le soleil insigne,
Q ui n'ont pas tous auec eux certain signe
D e bien ou mal.Par tant bien dire i'ose
Qu'vlysse est mort,&y ce fust belle chose
Q ue uous fußiez auec luy despesché,
V ous n'eußiez pas en prophete presché
T ant de follie,&y n'eußiez pas nourri
E n uain espoir Thelemacque marri,
P enfant en uous qu'il pourra guerdonner
V ostre maison,s'il est prompt a donner:
M ais ie uous di,&y ainsi le saurez,
Q uand ce ieune homme enflammé uous aurez
E t irrité par parler deceuant,
S oubz la couleur que uous estes sauant,
V ieil &y expert,premierement en luy
I l en aura tousiours plus grand ennuy:
E t puis sachez qu'il n'en fera rien plus
P our tout cela.Et uous di au surplus,
M aistre uieillard,que telle penitence
V ous donnerons,laquelle par sentence
D'aucuns de nous,uous poisera bien fort,

E t en aurez grief mal & deſconfort.

Q uand a ma part, ie prendray bien le faix

D'amonneſter Thelemacque en ſes faitz:

Q u'il face tant que ſa mere retourne

E n la maiſon ou ſon pere ſeiourne:

E n ce lieu la les ſiens l'eſpouſeront,

E t d'un douaire entr' eux diſpoſeront

F ort ſomptueux, comme a leur legitime

F ille appartient: Car ainſi que i'eſtime

L es filz des Grecz ne ceſſeront d'attendre,

E t ce faſcheux mariage pretendre,

T ant qu'il l'ait fait: car nous ne craignons rien,

N y meſmemènt Thelemacque, combien

Q u'en ſon parler ſoit tout plein d'eloquence:

E t ne tirons l'augure a conſequence,

Q ue uous uieillard de follie rempli

A uez reſué n'eſtre encor' accompli:

C e qui uous rend encores plus haineux.

O r n'auront ilz contentement en eux

D'uſer ſon bien a gros fraiz & deſpens,

T ant que les Grecz elle tiendra ſuſpens

A u long eſpoir de ſes noces conduitz:

P uis nous eſtans de rechef introduitz,

D e iour en iour enſemble contendons

De noz ualeurs: qui fait que ne tendons

A celles la dont y à un grand tas

Que nous prendrions tous selon noz estatz.

Lors de rechef le sage Thelemacque

Luy respondit: O amy Eurymacque,

Et vous aussi Poursuiuans de renom,

Plus ne vous veux prier de cecy, non,

Plus ie ne veux harengue vous en faire:

Car les Dieux sont tesmoins de tout l'affaire,

Et tous les Grecz. sans plus, que lon me rende

Vne nef preste, & uingt hommes de bende,

Pour me gascher ça & la le passage:

Car ie veux faire en Sparte un brief uoyage,

De la en Pyle areneuse, assauoir

Si ie pourray de mon cher pere auoir

Si longuement absent, quelque nouuelle,

Si trouueray homme qui m'en réuele,

Ou si pourray ouir en quelque sorte

De Iupiter la uoix, laquelle apporte

A tous humains tousiours gloire prospere:

Puis si i'entens qu'encor' uiue mon pere,

Et qu'il retourne, auec tout mon ennuy

Pourray bien uiure une annee sans luy:

Mais si le bruit de sa mort est constant,

Ie reuiendray pardeça tout contant

Luy eriger un sepulchre celebre,

Et par deuoir un obseque funebre

Moult solennel ie luy ordonneray:

P uis a ma mere un mary donneray.

   T out en ce point ces propos acheua,

P uis il s'aßit: & tantost se leua

M entor qui fut compagnon familier

D u noble Vlyße, & en particulier

D e sa maison la charge luy commit

V n peu auant que sus la mer se mit,

Q u'au uieil Laërte il ne contredist point,

E t qu'il tint tout en ordre & en bon point:

L uy qui auoit bon auis & raison,

A ux aßistans a fait telle oraison:

   E scoutez bien ce que dire i'entens,

O Ithacquois: Ores n'est plus le temps

Q ue doyue un Roy tenant le sceptre en main,

E stre prudent, debonnaire, & humain,

N y qu'en l'esprit sache ce qui est iuste:

M ais tousiours soit difficile & robuste,

G ouuernant tout contre droit & police,

P uis qu'en tous ceux que le diuin Vlyße

A gouuernez, ne s'en trouue un seulet

L equel de luy un souuenir seul ait,

D e luy qui fut un pere si bening:

O r n'ay ie point de haine ny uenin

A ux Poursuiuans bien que pleins d'insolence,

Q ui tant & tant d'actes de uiolence

P ar uolonté deprauee commettent:

C ar en danger leur propres uies mettent
Q uand la maison d'Vlysse ainsi rapinent:
E t puis entr'eux ilz disent & opinent
Q u'il ne uient point.mais trop bien ie m'anime
E ncontre uous,peuple pusillanime,
Q ui estes sis tous muetz & pasmez,
A tout le moins qu'autrement ne blasmez
P ar quelques motz petite compaignie
D e Poursuiuans,uous si grande meignie.

　　A lors parla le seigneur Liocryte
F ilz d'Euenor:o Mentor hypochrite,
M utin,noisif,follatre,qu'as tu dit?
N ous feras tu cesser soubz ton credit?
D ifficile est quand batailler on pense
A gens de cueur,plusieurs,& pour la panse:
C ar si Vlysse Ithacquois reuenant,
L es Pourfuiuans illustres maintenant
E n sa maison luy mesme auoit surpris
F aisans grand' chere, & il eust entrepris
D e les chasser,sa femme qui pieça
D esire tant son retour par deça,
P our son retour grand' lyesse n'auroit:
C ar euiter sa mort il ne sauroit,
S' a nous plusieurs uouloit faire bataille:
V oila comment tu n'as rien dit qui uaille:
S us doncq' auant,uous Peuple qu'on s'elongne,

Retirez uous tous a uoſtre beſongne,
Et qu'Alitherſe & Mentor,grans mignons
De ceſtuy cy,anciens compagnons
Du pere ſien,luy donnent le courage
De parfournir ſon entrepris uoyage.
Or ie croy bien s'il eſt de long ſeiour
Dedens Ithacque,il pourra quelque iour
En ouir bruit:mais iamais,pour certain,
Il ne fera uoyage ſi lointain.
　Ainſi diſant ſoudain rompt le concile:
Et lors chacun ua en ſon domicile:
Les Pourſuiuans ſont allez au depart
En la maiſon d'Vlyſſe:mais apart
Au port de mer Thelemacq' eſt allé,
Et ſes mains lauε au riuagε ſallé:
Puis a Mineruε a fait tellε oraiſon:
　Dieu qui uins hier uiſiter ma maiſon,
Et au partir me baillas par memoire
Qu'en une nef entraſſε en la mer noire,
Pour de mon perε abſent faire l'enqueſte
S'il reuient point,entens a ma requeſte:
Car les Greg'ois ſont bien fort eſtriuans
Contre cela,meſmes les Pourſuiuans
Gens plein d'orgueil. l'ayant ainſi requiſe,
Pres luy Pallas s'eſt trouuεε,en la guiſe
Du uieil Mentor,de corps de uoix auſſi:

Puis

P uis le nommant par son nom dit ainsi:

   O Thelemacq',iamais tu ne seras

C ouard ny fol,si en ton penser as

D é ton cher pere empreinte la uertu,

D ont il estoit plus qu'autre reuestu,

E xecuteur tant en ditz qu'en esprouue:

E t n'ayes peur que ton chemin se trouue

V ain ny rompu:mais si tu n'es celuy

F ilz procreé de Penelope & luy,

I e ne uoy point que ce present affaire

Q u'as entrepris,tu puisses bien parfaire:

C ar peu de filz au pere semblance ont,

P lus y en a qui beaucoup pires sont,

Moins y en a de meilleurs que leur pere:

M ais pourautant qu'a l'auenir i'espere

Q ue ne suiuras follie ne malice,

E t que ne t'est la prudence d'Vlysse

D u tout niez, auec espoir & temps,

L e tout pourras conduire ou tu pretens:

E t pourautant des Poursuiuans mesprise

T out le conseil, & leur folle entreprise:

C ar telles gens sagesse ne remord,

N y uerité: & n'entendent la mort,

N y l'orde Parque, elle qui sans seiour

L es uiendra tous destruire en un seul iour:

E t le chemin dont tu es en émoy

Ne sera point differé:mesmes moy
Ton compagnon paternel,t'eliray
Vn bon uaisseau,& auec toy iray:
Mais ce pendant ua t'en au logis tien
Aux Pourfuiuans,& leur fay l'entretien,
Va apprester uiures & autres hardes
Que proprement en uaisseaux les enfardes:
Le uin es brocz,& la blanche farine
Nourriffement d'hommes pour la marine,
Es fortes peaux:& moy de tous cartiers
Vois chercher gens qui uiendront uolontiers
T'accompaigner.or abonde en uaisseaux
Nouueaux & uieux Ithacque ceinte d'eaux:
I'en choifiray de tous le plus entier,
Lequel dreßé ainfi qu'il eft meftier
Mettrons a coup fus la mer en conduitte.

    A tant Pallas de Iupiter produitte:
Et Thelemacq' quand la uoix entendit
De la Deeffe, illec plus n'attendit,
Mais tout troublé en fon doulx cueur,s'en ua
En fa maifon,en laquelle il trouua
Ces Amoureux fuperbes embrochans
Les pourceaux gras & chëures efcorchans.

    Lors Antinois gettant un ris de bouche,
S'en uient uers luy,& de la main le touche,
Et en raillant il s'eft pris a luy dire:
                O Thelemacq'

O Thelemacq' plein de courage & d'ire
Intolerable,il te fault raualler
Ce dur ennuy,& ce fafcheux parler:
N'y penfe plus,& menons deformais
Ioyeufe uie,auſſi bien que iamais:
Les Grecz pour toy en ton cas ueilleront,
N'en doute point, & fi te bailleront
Vaiffeaux d'elite & auirons de mefme,
Pour te mener en Pyle la fuprefme
Plus uitement,ouir quelque meffage
Du pere tien.Thelemacque le fage,

O Antinois,refpondit il adoncques,
Ie ne fauroye en manieres quelzconques
Auecques uous pleins d'orgueil me contreindre
De bancqueter,ny ma penfee feindre:
Dea Pourfuiuans n'eftes uous pas contens
D'auoir pillé de mon bien fi long temps
Tout le meilleur felon uoftre appetit?
Sauez uous bien?i'eftoye encor' petit:
Mais maintenant que fuis grand deuenu,
Et que l'auis d'autruy par le menu
Sage me rend,& que defia s'augmente
Le cueur en moy d'une ardeur uehemente,
D'orenauant ie chercheray la uoye,
Tant qu'a treftous male mort uous enuoye,
Soit que i'en trouue en Pyle les moyens,

O u pardeça auec mes citoyens:
O r bien i'iray (& le uoyage mien,
A mon auis, ne fortira qu'a bien)
C omme marchant: car conducteur ne fuis
D es auirons, ny du nauire, puis
Q u'ainſi uoulez, & uous ſemble bon eſtre.
 Ainſi diſant, retire ſa main deſtre
D e celle la d'Antinois aiſément:
L es Pourſuiuans penſoient ioyeuſement
A la cuiſine, & faiſoient des mocquars,
E n luy gettant ſornettes & brocars.
 Lors l'un d'entr' eux ſe print a dire ainſi:
M ais eſcoutez, ce Thelemacque icy
A contre nous une ire fort haineuſe:
1 l pourroit bien en Pyle ſablonneuſe,
O u bien en Sparte, ou en quelque autre part
T rouuer ſecours: car il fait un depart
B rief & haſtif: ou il ua en Ephire
I oyeux pais, pour des uenins confire,
Q u'en noſtre taſſe il miſtionnera,
E t en ce point nous empoiſonnera.
P uis l'un d'entr'eux encores a parlé,
Q ue ſauons nous mais qu'il s'en ſoit allé,
E t qu'en ſa nef concaue ſe ſoit mis,
S' il mourra point au loing de ſes amis,
A pres auoir autant qu'Vlyſſe erré?

Dont en feroit noſtre eſprit enſerré
Plus que deuant: Car penſez uous combien
Aurions de peine a departir ſon bien?
Lors ſa maiſon pour ſa mere feroit,
Et pour celuy quiconcq' l'eſpouſeroit.

    Ainſi contoient: & luy qui mot n'en dit
Au bas celier d'Vlyſſe deſcendit,
Ou il trouua force precieux or,
Et forçe erain, & robes en treſor,
Et huile auſſi d'un odeur fort ſuaue:
Muiz de uin uieil eſtoient en ceſte caue,
Qui contenoient, ſauez uous bien quel uin?
Doux, pur, friand, un breuuage diuin,
Tous mis par ordre au long de l'apparoy,
Si quelque fois apres tout deſarroy
Et tout ennuy, uenoit a la maiſon
Le noble Vlyſſe. Or eſtoit la cloiſon
A double porte, & de barreaux munie,
Et de iointure enſemble bien unie:
Vne clauiere illec quotidienne,
Qui de ce bien eſtoit la gardienne,
Songneuſe & ſage, Euriclee reſide,
Qui fille eſtoit d'Ope Piſenoride.

    Lors Thelemacque au cabinet l'appelle,
Et en ſecret parla ainſi a elle:
Nourrice, acoup, qu'on tire du uin doux

Dedens des brocz, & du meilleur de tous,
Apres celuy que gardez en la caue,
En attendant le preux Vlyſſe eſclaue
Infortuné, ſi de lieux eſtrangers
Fuyant la mort & les fataux dangers,
Pourra uenir: qu'on m'en empliſſe douze
Qui ſoient bien clos: Enapres qu'on me couſe
Poches apoint: & dedens une eslue
Prouiſion de Farine moulue
Iuſques a uingt meſures enſachez
Et que ſoyez ſeule qui le ſachez:
Et le tout preſt enſemble ſoit tenu:
Car quand ſera le ueſpre ſuruenu,
Ie le prendray, quand ma mere ſera
Ia retiree: & qu'elle penſera
De ſe coucher: Car il fault que ie parte
Pour m'en aller en la cité de Sparte,
De la en Pyle areneuſe, chercher
Si ie pourray de mon pere treſcher
Ouir nouuelle, ou ſauoir ſa uenue.
    Ainſi a dit: Et ne s'eſt pas tenue
Ceſte nourrice Eurycle amyable
De larmoyer, & toute pitoyable
A dit ainſi: Dea quelle fantaiſie,
O filz treſcher, ta penſee a ſaiſie?
Comment uas tu ſeul en eſtrange terre?

M on doux enfant qu'y ueux tu aller querre?

T on pere est mort en pais incertain

H ors de sa terre entre peuple lointain:

C eux cy soudain que tu seras parti,

T e brasseront quelque mauuais parti:

A ton retour par fraude ilz t'occiront,

E t tout ton bien entr'eux departiront.

M ieux te uaudroit demeurer en repos

A uec les tiens, que d'aller sans propos

M ettre ta uie en danger & erreur

D essus la mer pleine de toute horreur.

   L ors le prudent Thelemacque tient fort,

D isant ainsi: Prenez bon reconfort

C here nourrice, & croyez que l'emprise

N e se fait pas sans Dieu qui l'autorise:

M ais iurez moy que n'en auertirez

M a chere mere, ains que soient expirez

L es onze iours ou douze iours, depuis

Q u'elle uoudra s'enquerir ou ie suis,

E t qu'ell' aura mon depart peu entendre:

A celle fin que son corps beau & tendre

E lle ne blesse a force de pleurer.

   C es motz finiz, la uieille ua iurer

L e grand serment des hautz Dieux: & apres

Q u'ell' eut donné ce iurement expres

E t acheué, soudain elle luy perse

                E ÿ

C e uin exquis, & es brocz le luy uerfe:
E t puis luy a empoché les moutures
D edens les facz faitz a fortes coutures:
P uis au logis Thelemacq' eft uenu,
E t s'eft auec les pourfuiuans tenu.

  L ors la Deeffe aux yeux ardens, s'auife
D' autre moyen: car ayant pris la guife
D e Thelemacq', uers la cité s'en part,
E t a plufieurs s'en ua parler a part:
D e s'affembler chacun d'eux elle inuite
D euers le foir uers le nauire uite:
E lle demande au fage Iouuenceau
P hedin le filz de Phrone, fon uaiffeau,
E t promptement il le luy a promis.

  E n occident le Soleil s'eftoit mis,
E t en tous lieux s'eftoit l'ombre enclinee,
L ors qu'elle ayant la nef acheminee
D effus la mer, dedens met & affaitte
T ous instrumens qu'une nef d'ais bien faitte
P orte euec foy: & la aupres du bord
E lle s'affiet au dernier bout du port:
L es compagnons eftoient la enuiron
T ous amaffez pour tirer l'auiron,
A ufquelz donnoit Minerue hardieffe.

  T out de nouueau s'auifa la Deffe
D' autre moyen, & en partant de la

En la

E n la maiſon d'Vlyſſe s'en alla,
A ux Pourſuiuans doux ſommeil inſtiller,
E t ſi les fit en beuuant uaciller,
T ant que des mains les taſſes leur ſortirent:
L ors par la uille a coup ſe departirent
P our ſe coucher: & n'ont eſté oiſifz
G ueres long temps, eſtans leurs yeux ſaiſiz
D e fort ſommeil. lors du palais illuſtre
D ame Minerue aux yeux de flambans luſtre,
A appellé Thelemacque le ſage,
S emblant Mentor de uoix & de corſage.
    O Thelemacq', ce luy uint ell' a dire,
T es bien aimez compagnons de nauire
S ont la aſſis t'attendans a bouger,
S us donc, ſans plus le uoyage allonger,
A llons nous en. Ce propos acheuant
D ame Pallas ſoudain marche deuant,
E t luy au train de la ſuiure fut prompt:
L es compagnons cheueluz trouuez ont,
Q uant a la nef & la mer ont eſté,
A uſquelz a dit la haute maieſté
D e Thelemacq': ça uenez, mes amis,
P our apporter les uiures que i'ay mis
C hez moy a part, dont n'eſt apperceuante
M a mere meſme, & aucune ſeruante
F ors une ſeule a qui declaré l'ay:

i

A infi difant il marche,& fans delay
T ous l'ont fuiuy:& rien ne demeura
A infi qu'enioint Thelemacque leur a,
Q ue tout ne fuft emporté en la barcque.

  Lors en la mer Thelemacque s'embarcque
O u prefidant' Pallas par fus la troupe,
S 'affit,& luy aupres,deffus la pouppe
L es uns d'entr' eux les cordages maffifz,
O nt deployez : les autres font affis
D effus les bancs:Minerue un doux Zephyre
L eur departit conduifant le nauire,
Q ui refpiroit au long de la mer grande:
I l donne cueur a fes gens,& commande
D'equiper tout:lefquelz a fon parler
O beiffans,ont erigé en l'air
L e Mas concaue, & en hault bien tablé,
F ait de fapin,& l'ont bien encablé:
P uis ont tiré par les cordes tortiffes
L a blanche uoile: Adonc les uens propices
P ar le milieu cefte uoile entonnerent,
D ont a grans flotz les ondes refonnerent
E ntour le fons de la nef qui partoit,
E t de roideur la uoye departoit.
A lors ilz ont l'equipage attaché
S us le uaiffeau leger de poix taché:
P uis ont de uin les taffes couronnees,

E t aux hautz Dieux leurs offrandes donnees,
D ieux eternelz, & par sus tous a celle
F ille de Dieu a l'œil qui estincelle,
Q ui en ce point les alloit conduisant
A utant la nuit comme le iour luisant.

A Monsieur Carles.

C'est bien raison, Carles, que ie te cede
L' œuure que i'ay comme toy commencé,
T a plume en temps & style me precede,
I oint que tu es plus que moy auancé:
T u ne deuras pourtant estre offensé,
S i mon labeur tel qu'il est ie publie:
C ar une langue en est plus anoblie,
A lors qu'on uoit par quelques monumens
M is en escrit, que iamais on noublie,
D iuers espriz en mesmes argumens.

Fin des deux premiers liures
de l'Odyssee d'Homere.

A Monseigneur le Reuerendiſſime
Cardinal Dubellay.

Sonnet.

D'autant que l'Art peut moins que la Nature,
    C'eſt œuure mien, qui ſus le uif eſt pris,
    Et moins parfait, & moins digne de prix,
    Que de Maron la diuine facture.
Mais toy auquel i'en donne la lecture,
    Peux enhardir tellement mes eſpritz
    Que le labeur lequel ay entrepris
    Suiura de pres la uiue protraitture.
Virgile meſme onc n'y fuſt paruenu,
    Si Mecenas ne l'y euſt maintenu.
    Fay donc ma plume aiſee, prompte, agile,
Qui le moyen, & le pouoir en as:
    Car ſi ie ſuis plus petit que Virgile,
    Auſſi es tu plus grand que Mecenas.

LE PREMIER LIVRE DES
Georgiques de Virgile.

C E qui les Champs enſemencez fait rire,
Q uel signe en l'an,Mecenas,faut elire
P our le labour des Terres manier,
E t aux ormeaux la Vigne marier:
Q uel ſoing aux Beufz employer appartient,
P ar quel moyen le beſtail s'entretient:
E t la pratticque a quoy ſont uſageres
M ouſches a miel chiches & ménageres,
I e chanteray des icy. Vous flambeaux
L es plus luiſans du Monde & les plus beaux,
Q ui conduiſez le diſcours annuel
T ombant du Ciel par tour continuel,
I. iber,& toy plantureuſe Ceres,
P uis que la Terre a le glan des foreſtz
D e Chaonie,au moyen de uous deux,
I adis changé en epy ſauoureux,
E t de la grape en uſage donnee
L'eau d'Achelois ell' a miſtionnee:
E t uous auſſi,Faunes,qui des Ruſticques
E ſtes les Dieux priuez & domeſticques,
F aunes,mettez le pié en ce lieu cy,
E t auec uous les Dryades auſſi,
S ont uoz bienfaitz que ie metz en lumiere.

E t toy Neptune, auquel toute premiere
C rea la Terre un cheual hennissant,
Q uand la frapas de ton sceptre puissant:
E t toy des bois habitant la frescheur,
D ont trois cens beufz de nayue blancheur
P aissent de Cee aus plantureux herbiz:
T oy mesme Pan gardien des brebiz,
Q ue la forest ores me soit laissée
D e ta naissance, & les bois de Lycee,
P an de Tegee, auec la faueur tiene
A pproche toy, quelque soing qui te tiene
D e ton Menal: & toy Minerue sage,
Q ui de l'Oliue as inuenté l'usage:
E t toy Enfant, qui la Charrue croche
A s enseigné: & toy Syluain, approche,
E n apportant un nouuelet Cypres
R acine & tout. Ie uous inuocque apres
E n general, uous Deesses & Dieux,
Q ui conseruez par uouloir studieux
L es champs semez, & d'alimens diuers
E ntretenez les fruiz encores uers,
E t qui du Ciel transmettez en saison
D essus les blez de la pluye a foison.
    E t toy Cesar, qu'on ne peut pas sauoir
Q uel siege en brief de Dieux te doit auoir,
S i les Citez en tutelle prendras,

E t le ſouci des terres retiendras,
E t tout le Monde adorant ta hauteur
T e recëura de tous fruiz uray auteur,
E t des ſaiſons gouuerneur eternel,
C eignant ton chef de Myrte maternel:
O u ſi ſeras Dieu de toute la mer,
S i que toy ſeul tu faces reclamer
A ux mariniers ta deité ſupreſme,
E t obeiſſe a toy Thule l'extreſme,
E t que Thetis pour ſon gendre t'achette,
R endant a toy toute la mer ſugette:
O u ſi uoudras, pour plus hault apparoiſtre,
L es mois tardifz d'un nouueau Signe accroiſtre,
E n celle part qui la place deſigne
E ntre la Vierge & la Liure uoiſine:
L e Scorpion deſia te deſirant,
D e grand' ardeur ſes braz ua retirant,
E t ſi te fait tant d'honneur, qu'il te cede
D u lieu au Ciel trop plus qu'il n'en poſſede:
Q uoy que tu ſois (car ia eſpoir ne uiene
A u bas Enfer que pour Roy il te tiene,
N'auiene auſſi qu'ardeur ſi uehemente
D e dominer, ton courage tormente,
C ombien que ſoient des Grecz ſi fort priſees
L es manſions des beaux champs Elyſees,
E t Proſerpine a r'auoir pourſuiuie

D' accompagner ſa mere n'ait enuie)
Ie te ſupply' que mon cours fauoriſes,
Et ma hardie entrepriſe autoriſes,
Et qu'auec moy quelque pitié te preſſe
Des Laboureurs, qui ne ſauent l'addreſſe:
Tien leur la main, & des cy t'approprie
Aux ueuz humains, & qu'on t'inuocque & prie.
      Sus le Printemps, que des neiges, qui font
Les mons blanchir, la froide humeur ſe fond,
Et que la mote eſt pourrie a ſuffire,
Pour ſe diſſoudre au doux uent de Zephyre,
Que le Taureau lors me commence a geindre
A la Charrue a force de l'étreindre,
Et que le Soc s'uſant a l'exercice,
Sus les rayons du ſillon s'eclairciſſe:
Car celle Terre au deſir par effet
Du Laboureur auare ſatiffait,
Qui du Soleil a ſenti les ardeurs
Deux fois l'annee, & deux fois les froideurs:
Ses moiſſons lors amaſſees ſans nombre
Deſſouz le fais les greniers ont fait rompre.
      Or parauant le Soc eſtre applicqué
Dedens un Champ par nous non pratticqué,
Premier nous fault bien congnoiſtre le uent,
Et l'air auſſi qui uarie ſouuent,
Et du terroy la diſpoſition,

Le naturel, & la condition:
Ce qui uient mieux en telz & telz cartiers,
Et ce qu'en telz ne uient pas uolontiers:
Icy les blez, mieux appoint se meurissent,
La mieux appoint les uignes se nourrissent:
Icy les fruiz des arbres sont meilleurs,
Et de son gré l'herbe uerdoye ailleurs.
Ne uoiz tu pas Tmole qui a la gloire
Du bon Saffran? les Indes de l'Iuoire?
De leur encens les douilletz Sabiens?
Et du bon fer les nuz Chalybiens?
Dú Bièure aussi la Ponte uenimeuse?
Et les Iumens, pour la course fameuse
Vaincre en Elide, Epire porte & cree.

　　Au premier temps Nature tressacree
Ces pactions & immuables droitz
Aestabliz dedens certains endroitz,
Lors que premier par le uuide Vniuers
Deucalion ietta caillouz diuers,
Dont les humains furent produitz adoncq',
Nation dure. Or te despesche doncq',
Aux premiers mois de l'an, acoup exerce
Tes roides beufz, & le gueret renuerse,
Quand il est gras, que les motes gisantes
L'Esté poudreux seche d'ardeurs cuisantes:
Mais si la Terre est maigre de nature,

Il suffira un peu auant l'Arcture
L'entretenir auec labour leger:
Car au premier il y auroit danger
Que l'herbe fust nuisante au blé allaigre,
Et au second qu'a la terre si maigre
Faillist l'humeur si petite qu'ell' a.
   Les champs fauschez lairras auec cela
Estre en repos par eschange a loisir,
Et le champ maigre endurcir au moisir:
Ou le fourment semer te conuiendra,
Quand la suiuante annee reuiendra,
La ou cueuilly auras féues & pois,
Lesquelz la gousse esbranle de son pois,
Ou bien les grains de Vesse clairs & grælles,
Ou de l'amer Lupin les tuyaux frælles,
Fauaz bruyans. Car quant au Lin,la graine
Mange les champs,& celle de l'Aueine
Les mange aussi:& les mangent,en somme,
Les Pauotz teintz d'un obliuieux somme.
   Et toutesfois ce n'est pas grand malaise
Que d'schanger,mais qu'il ne te desplaise
Tant seulement de gras fumier confire
La terre maigre autant qu'il peut suffire,
Ny de ietter les cendres non sassees
Es champs recreux des annees passees:
Par ce moyen les gueretz en portant

F ruiz eſchangez, en repos ſont pourtant,
E t grand profit ce pendant demourer
D'un chãp nous peut, ſans point le labourer.
    Souuent auſſi il nous eſt treſutile
M ettre le feu en un champ infertile,
E t que la flammę aigrettę & petillante
L e chaume ſec & leger ſoit grillante:
S oit que de la le terroy en amaſſe
O cculte forcę, ou paſture plus graſſe:
O u meſmement que par le feu cuiſant
L uy ſoit purgé tout le uice nuiſant,
E t que l'humeur inutilę a la terre
S' en euaporę, ou que le chaud deſſerre
P lus de chemins & ſouſpiraux couuers,
P ar ou le ſuc es blez nouueaux & uers
P uiſſe uenir: ou que plus endurciſſe,
E t les bayans conduitz il etreſſiſſe:
A celle fin que la pluyę menue,
O u du Soleil l'ápreſſe ſuruenue
A rdentę & fortę, & froideur borealle
P enetratiuę, en fin ne l'ardę, & halle.
    Qui de râteaux rõpt les motes abgettes,
Et ua traynant les clayes de uergettes,
C ertes celuy fait grand bien aux gueretz:
C'eſt pour le ſeur que la blonde Ceres
N e le regardę en uain du Ciel la ſus:

Celuy qui froiſſe auſſi les dos boſſuz,
Sourdans alors que la Terre il renuerſe,
Et au labour de rechef la trauerſe
De ſa Charrue, & iamais n'eſt oiſeux
Enuers ſes champs, & commande ſus eux.
   Priez, Ruraux, qu'il uous puiſſe arriuer
Solſtice humide, & bien ſerain hyuer:
Pouldre d'hyuer les blez & champs egaye:
De ſes façons Meſie n'eſt ſi gaye,
Et le Gargare autant n'eſt admirable
Pour ſa moiſſon grande & innumerable.
   Que dirons nous de celuy, qui apres
Auoir ſemé, ne ceſſe de ſi pres
Auec ſes champs demener le combat,
Et les monceaux du maigre ſable abbat:
Dedens les blez le fleuue il introduit,
Et les ruiſſeaux s'entreſuiuans conduit:
Et quand les champs ſi deſſechez demeurent,
Et ſi hallez, que les herbes en meurent,
Voicy du haut d'une uoye pendant,
Il attrait l'eau, laquelle en deſcendant
Par les caillouz gliſſans rend un bruit ſoef,
Trempant les creux des ſillons qui ont ſoif.
   Que dirons nous de celuy qui s'exerce,
A celle fin que le tuyau ne uerſe
Quand les epiz ſe mettront a groſſir,

Aux blez espais l'abondance esclaircir
Des l'herbe tēdre, au nouueau tēps qu'ilz croißēt,
Et lors qu'a fleur des sillons apparoißent:
Et qui l'humeur d'un mareiz attiree
Va escoulant de l'areine alteree:
Mesmes au temps incertain, s'il arriue,
Que la riuiere enflee se deriue,
Et d'un limon concreé couure & baigne
Les enuirons de toute la campaigne,
Dont il auient que les fosses cauees
De tiede humeur sont moites & lauees.
　　Mais nonobstant, encores que les peines
D'hommes & beufz labourans chāps & plaines
L'aint esprouué, les oyes desplaisantes,
Et de Strymon les Grues mesfaisantes,
La scariole au goust amer, & l'ombre
Aux blez semez ne font pas peu d'encombre.
Il n'a pas pleu a ce Pere celeste
L'Agriculture estre a tous manifeste,
Et luy premier a esté reduisant
Les champs en art, de soucy aiguisant
Les cueurs humains, & ceux du siecle sien
Il n'a souffert languir sans faire rien.
　　Nul n'exerçoit auant le premier age
De Iupiter, es champs le labourage,
Et si n'estoit loisible de donner

Mercq a un Champ,ny mesme le bourner:
Tous fruix estoient en commun amassez,
De soy la Terre apportoit biens assez
Sans la semondre:Il adiouta deslors
L'infait uenin aux Serpens noirs & ords:
De rapiner aux Loupz donna courage,
Et sus la Mer fit émouuoir l'orage:
Il fit tomber le miel des arbrisseaux
Cacha le feu;le uin qui es ruisseaux
Couloit par tout,a coup il refreignit
Et par usage en song'ant contreignit
De prattiquer ars & mestiers diuers,
Et es sillons les blez fit uenir uers:
Des pierres fit saillir les estincelles
Du feu caché dens les ueines d'icelles:
Les Aunes lors en uaisseaux conuerties
Furent premier par les fleuues senties:
Le Marinier les astres auisa,
Desquelz le nombre & le nom deuisa:
Il les uoulut appeller Pleiades,
De Licaon l'Arctos claire,& Hyades:
On apprint lors es retz enueloper
Bestes des bois,& les oiseaux tromper
Auec la gluz, & les spacieux bois
Enuironner de ueneurs & d'abbois:
L'un maintenant bat les fleuues parfons

De s

De son filet, & cherche iusqu' au fons,
Et l'autre en Mer tire le ret trempé:
Lors fut le Fer es forges destrempé,
La lame mise en cricquante ferrure:
Car on fendoit auec coings sans serrure
Iadis le bois esclatant en cartiers:
Voila comment uindrent diuers mestiers:
Labeur songneux peut tout uaincre & parfaire,
Et pauureté urgente au dur affaire.
  Premierement monstra dame Ceres
Auec le Soc renuerser les gueretz,
Lors que le Glan, & les fruiz qui sailloient
Des Arboziers du bois sacré failloient,
Ia ne uoulant Dodone plus offrir
Viure aux humains. Puis eurent a souffrir
Les blez encor', uoire tell' infortune,
Que les tuyaux de Nielle importune
Estoient rongez, & le Chardon oiseux
Se herissoit par les Champs aupres eux:
Voicy les blez tout acoup se mourir,
Aspres forestz par les blez se nourrir,
Glettrons, Chardons, Yurayes malheureuses
Par le milieu des terres plantureuses,
Auec l'Aueine infertile cheminent,
Et en brief temps la semence dominent.
Si tu n'es prompt doncques de faire guerre

F ij

A beaux Rasteaux sans fin contre ta terre,
S i les oiseaux d'espouenter tu faux
A sons & crix, & l'ombre auec ta Faux
D u Champ couuert rabbatre tu ne ueux,
S i tu ne quiers la pluye a crix & ueux,
L as qu'a regret regarderas les blez
D e ton uoisin a monceaux assemblez:
E t de la fain faudra que sois recoux
P army les bois soubz un Chesne secoux.
   Ores conuient dire de quelz outilz
Durs Laboureurs doiuent estre assortiz,
E t sans lesquelz oncques ne peurent estre
L es blez semez, ny de la Terre naistre:
D esquelz le soc est le premier & proche,
L e fais pesant de la Charrue croche,
L es chariotz a se mouuoir tardifz,
Q ue fit la mere Eleusine iadis,
T rainoir, siuiere, & Tombereaux de bois,
A uec Rasteaux d'inegal contrepois:
O utre cela, le meuble de bas prix
D'osier tissu, au Roy Celeg appris,
C layes de Tremble, auec le Van mysticque
D u dieu Bacchus: Tous lesquelz, o Rusticque,
I l te faudra d'un prudent souuenir
L ong temps auant en reserue tenir,
S i tu es né pour auoir ce bon heur

D ii

D'un iour gaigner du diuin Champ l'honneur.
L'Orme des bois de bonne heure est courbee,
T ant qu'a la longue elle soit succombee
E n façon croche, & qu'elle ait a grand' force
P ris le uray ply d'une Charrue torse:
P uis le Timon des le pié procedant,
Q ui n'est d'huit piez l'estendue excedant:
L e Coutre ayant d'oreilles une couple
Y est adioint, duquel l'eschine est double:
L e Til leger & haut Fouteau on tranche
P our faire un Ioug: Puis faut pouruoir d'un mâche,
Q ui par derriere aux roues pour tourner
D roit par le bas aide puisse donner:
E t pour du bois la ualeur mieux apprendre,
A la fumee au foyer le faut pendre.
    Dire te puis encores maintz preceptes
D es anciens, pourueu que les acceptes,
Außi que point tu ne sois dédeigneux
D e te monstrer en peu de cas songneux.
P remierement l'Aire soit applanie
D'un grand Bloutoir: & puis qu'on la manie
A uec les doitz, & qu'on reßoude & serre
A uec grauois bien tenant, le parterre:
D e peur que l'herbe y croisse, ou que la poudre
N e la contreigne en fin de se dißoudre:
D iuers malheurs lors uienent empescher:

C ar le Mulot petit y uient bécher,

T aupes außi, qui d'yeux point ne iouißent,

S ouuentesfois leur tainiere y fouiſſent:

E t les Crapaux dedens les creux trouuez,

E t un grand tas de uerminiers couuez

D eſſoubz la terre: & la Calendre traine

D edens ſon trou un grand monceau de graine,

E t le Formy qui eſt ſoliciteux,

Q u'en age uieil ne ſoit neceßiteux.

   Contemple außi l'Amendier en foreſt,

Q uand largement reueſtu de fleur eſt,

E t contrebas ſes rameaux courbes tient:

C ar ſi le fruit eſchape & ſe maintient,

L es blez ſeront tout de pareille ſorte,

E t s'enſuiura auecques chaleur forte

D e grain en l'Aire un bien plantureux nombre:

M ais ſi tu uoiz qu'une plus eſpaiſſe ombre,

P our la foiſon du feuillage, ſurſaille,

L ors on batra en l'Aire eſpiz de paille

B ien peu grainez. Certes i'en ay ueu maintz

V oulans ſemer, medeciner leurs grains,

E t leur ſembloit qu'en Nitre les lauant,

E t excremens noirs d'huile auparauant,

P ar ce moyen les coſſes qui deçoiuent,

V n fruit dedans plus abondant reçoiuent,

E t meſmement qu'auecques peu d'eſté

En les hâtant uienent a meureté.

I'ay ueu souuent la semence choisir,

Et esprouuer a grand soing & loisir,

Qui toutesfois desmentoit sa nature,

Si tous les ans l'homme n'auoit la cure

Du plus gros grain trier auec les mains.

Ainsi par sort fatal les cas humains

De pis en pis prennent façon diuerse,

Et en cheant s'en uont a la renuerse:

N y plus ny moins que cil qui a grand' peine

Aux auirons son petit bateau meine

Encontre l'eau,s'il cesse de gascher,

Et ses braz uient d'auenture a lascher,

Le fil de l'eau d'une roideur subite

Encontreual l'emporte & precipite.

Outre,il nous faut les iours & la nature

Du clair serpent,des BOVCZ,& de l'Arcture

Ainsi sauoir,que ceux,qui en leur terre

Dessus la Mer uenteuse uont grand' erre,

Songneusement les fons & détroiz sondent,

Détroiz d'Abyde ou les huiſtres abondent.

Lors que la Liure en un égal seiour

Aura reduit le sommeil & le iour,

Et par moitié ia le Cercle elle part,

Aux clairtez l'une,aux ombres l'autre part,

Les Beufz adoncq',en besongne mettez,

F ....

O Laboureurs, l'Orge en Terre gettez,
I usques au temps de la pluye finalle
D euers l'entree intraittable hybernalle:
L ors sera temps qu'a couurir lon commence
L e Lin en Terre, auecques la semence
D u Cereal Pauot, & qu'on se rue
D iligemment au fait de la Charrue,
T andis qu'on a la Terre seiche a main,
E t que la pluye attend d'huy a demain.

    Sur le Printemps Feues semer se doiuent,
O Treffle aussi, en ce temps te reçoiuent
L es Champs pourriz, & la cure annuelle
E n celuy temps du Mil se renouuelle,
Q uand le Taureau tout blanc auec sa corne
L uisante d'or, le Printemps ouure & orne,
E t que le Chien commence a se soubztraire
E stant uoisin du Soleil son contraire.

    Mais si pour blez labourer tu proposes,
Ou pour Fourmens plus fors, & si tu poses
A u grain d'epy ton but entierement,
P our ton meilleur uoise premierement
A se cacher l'orientalle Maie,
E t mesmement la Gnosiacque image
D e la Couronne ardente des yeux parte,
Q ue le grain deu aux sillons se departe,
E t ains que soit l'attente de l'annee

Maugré la Terre a la Terre donnee.
Maintz se sont mis a faire leur semaille,
Ains que la Maie en occident s'en aille:
Mais pour les blez l'infructueuse aueine
A fait en fin leur esperance uaine.

　Or si semer la Vesse as entrepris,
Et le Fazeau qui est de petit prix,
Et si tu n'as hors de tout soing excluse,
La Lentillette abondante en Peluse,
Tu en auras signe assez euident
Par le Chartier allant en occident:
Commence doncq', & de semer le temps
Iusqu'au milieu des brouees étens:
A ceste fin par le Soleil illustre,
Qui chacun an les douze signes lustre,
L'annuel tour est fait & gouuerné,
Et en saisons certaines discerné.

　Cinq zones font du hault Ciel le circuit,
Desquelles l'une ardente tousiours cuit
D'aspre soleil qui de feu estincelle,
Et en chacun costé final d'icelle
Destre & senestre, autres deux ont leur place,
Qui en tous temps de penetrante glace
Estreintes sont, & d'ombreuse rauine:
Deux y en a par la bonté diuine
Entre ces deux & celle du milieu,

O u les humains miserables ont lieu:
E ntr' elles deux est le chemin bourné,
O u l'ordre obliq' des signes est tourné.
  C omme le Monde ardu uers la partie
Q ui tend aux mons Riphees & Scythie
T ousiours se hausse,ainsi se ua cachant
V ers le midy de Libye panchant.
C estuy sommet en tous temps nous appert
H ault esleué:mais l'autre est en apert
D essouz noz piez au noir Stygieux fons,
E t aux espriz des abismes parfons:
V ers cestuy Pol le grand serpent se roulle
D' un ply tortu,comme un fleuue qui coule,
T out alentour & parmy les deux Ourses,
O urses craignans de se baigner es sources
D e l'Ocean:mais la,comme on maintient,
L' oiseuse nuit tousiours coye se tient,
E t l'air obstant qui est plein de grosseur
S ans cesse tient la nuit en espaisseur:
O u bien de nous l'Aurore se depart,
E t le clair iour reporte celle part:
E t lors qu'estant matinalle Venus,
D e ses Cheuaux en haletant uenuz
N ous a un temps aleinez la premiere,
S e tourne au uespre,& puis leur fait lumiere.
D e la pouons les tempestes apprendre,

Lors que le temps doutteux nous peut surprendre,
Le iour qu'il fault les moissons commencer,
Le temps qu'il fault la Terre ensemencer:
Et sus la Mer infidele dirons
Le temps qu'il fault tirer aux auirons:
Ou quand il fault armer gens pour combatre
Dessus la Mer, l'election d'abbatre
Le Pin au bois en sa saison decente.
    Nous contemplons des signes la descente
Et le leuer, non sans grandes raisons,
Et l'an aussi mis en quatre saisons
D'effet contraire, & qui pourtant n'est qu'un:
Si froide pluye empesche en temps aucun
Le Laboureur, des affaires beaucoup
Peut despescher, qu'il luy faudroit acoup
Precipiter, ayant le temps luysant:
La mousse dent du Soc ua aiguisant,
Il fait le mercq du bestail, ou il graue
Signes aux blez amassez, ou il caue
Petitz bateaux de bois: les uns preparent
Paux & paliz, dont les blez se remparent,
Aiguisent Brocz qui ont la pointe double,
Et font apprest pour le uignoble souple
Des eschalatz de l'Amerie issus:
Puis maintenant panniers me soient tissus
D'osier de Rube: ores les blez cuisez.

A la chaleur, or d'un caillou brisez.
   M esmes les droiz & diuins & humains
A u iours de feste exercer œuures maintz
P ermettent bien: loy saincte ne se trouue
Q ui ecouler l'eau des ruisseaux reprouue,
A utour des blez les hayes étouper,
E t les oiseaux auec gluaux tromper,
B ruller l'espine, & les bestes a laine
B aigner souuent en la riuiere saine:
S ouuent aussi celuy qui meine & bat
L'asne musant, luy charge sus le bast
D e l'huile a uendre, ou fruiz de ualeur uille:
O u il emporte au retour de la uille
L a pierre dure accoutree au marteau,
O u quelque fois de poix noire un tourteau.
   L a Lune fait que les iours ualent mieux
P our ménager, selon les rengs & lieux:
F uy la cinquiesme, Or que palle & infait,
A uec les trois furies y fut fait,
E t a ce iour la Terre mit au monde
D' enfantement sacrilege & immonde,
C ee, Iapete, & Thyphee inhumains
A ccompagnez de leurs freres germains,
Q ui le haut Ciel ruiner proposerent:
O sse trois coups amasser ilz oserent
S us Pelion, o l'entreprise grosse!

                                Et le

E t le feuillu Olympe deſſus Oſſe:

L es mons dreſſez le Pere par trois coups

A uec ſa foudre a frapez & ſecouz.

O r pour la vigne en ordre bien réduire,

E t beufz d'élite a la Charrue inſtruire,

L a ſeptieſme eſt bonne apres la dizieſme,

E t pour ourdir la toile: & la neuuieſme

E ſt la meilleure a ceux qui loing s'en uont,

E t eſt contraire a ceux qui larcins font.

    N egoces maintz s'addonnent qu'on deſpeſche

B ien mieux apoint, au temps de la nuit freſche,

O u ſus le point que l'Aurore expoſant

N ouueau Soleil, uient la Terre arrouſant:

M ieux uault de nuit tondre les chaumes uides,

M ieux uault de nuit fauſcher les prez arides:

L a freſche humeur point ne fault a la nuit:

P uis quelcun ueille a la Lampe qui luit

A u temps d'hyuer, de la nuit la plus part,

E t en façon d'epy tranché & depart

D' un fer pointu, la meche qui fait flamme:

E t ce pendant d'un chant ioyeux ſa femme

F ait moins durer ſa beſongne ennuyante,

E n pourmenant ſa nauette bruiante

P armi ſa toile: ou au chaudron qui boût

A u long du feu, l'humeur du nouueau mouſt

F ait amoindrir peu a peu, & en iette

L'ecume hors auec une branchette:
Mais il conuient tondre Ceres la blonde
Quand du midy la grand' chaleur abonde,
Et quand du iour le grand chaud est regnant,
Les blez grillez l'Aire ua esgrainant.
    Laboure nu, seme nu pour ton bien:
Les Laboureurs en hyuer ne font rien,
Des biens cueilliz le plus souuent iouissent
Au temps de froid, & entr'eux s'eiouissent,
Et a disner l'un l'autre s'entredonne,
Puis que l'hyuer genial l'abandonne,
Et les espriz de tout chagrin deschargé:
Comme lon uoit quant les uaisseaux de charge
Ont ia pris port, & la ioyeuse troupe
Des mariniers plante dessus la pouppe
Vins couronnez. Or toutesfois le glan
Du Chesne, on bat en cest endroit de l'an,
Grains de Laurier lors cueillir est utile,
L'Olyue aussi, & le senglant Myrtile:
Les pieges lors aux Grues on appreste,
Les Cerfz aussi aux filetz ont arreste:
On suit le trac du Lieure a grand' aureille:
Naurer les Dains le pasteur s'appareille,
En tournoyant le fouet a la ronde
Qui bruire fait la Baleare fonde,
Lors que la neige est ia haute amassee,

                                    Et des

E t des ruiſſeaux la glace aual chaſſee.

 Q ue dirons nous des orages uenans

A u temps d'Autonne, & des aſtres regnans?

E t lors que uient le iour a s'accourſir,

E t de l'eſté le chaud a s'addouſſir?

C ombien il fault lors eſtre uigilant?

O u quant ſuruient le Printemps diſtillant?

E t lors auſsi que les blez qui floriſſent,

P armi les champs en eſpy ſe heriſſent?

L ors que le grain, qui n'eſt encor' que lait,

V ient a s'enfler au tuyau uerdelet?

 S ouuent i'ay ueu, deſia le païſant

L es moiſſonneurs es blez meurs conduiſant,

E t ſus le point qu'il eſtoit preſt d'entendre

A couper l'Orge au tuyau mol & tendre,

D e tous les uens s'eſmouuoir une guerre,

Q ui la moiſſon ia pleine hors de terre

D es la racine a grand' force froiſſoient,

E t tout au loing en hault la diſperſoient,

T ant fort l'orage & le tourbillon trouble

L e leger chaume agitant & l'eſtouble,

C haſſoit en l'air par la roideur du uent.

 Auſſi du Ciel deſcendent bien ſouuent

R auines d'eaus, & les nues attraittes

D u hault de l'air, amaſſent longues traittes

D e pluye ombreuſe, & tempeſte treſorde:

Le Ciel ardu s'esclatte & se déborde,
Et de deluge il naye par les plaines
Blez plantureux, des paouures beufz les peines:
Riuieres lors se font creuses & grosses
Auec haut bruit, & remplissent les fosses:
La mer s'esleue & souffle a gros bouillons:
Et au milieu des obscurs tourbillons
Le Pere lance un flamboyant tonnerre
De sa main destre: & la pesante terre
De la secousse a trembler est induitte:
Bestes des bois se sont mises en fuite,
Humble frayeur en contree diuerse
Les cueurs humains epouente & renuerse:
Et luy du dard ardent qui luy eschape,
Athon, Rhodope, ou les Ceraunes frape:
A doncq' des uens recommence l'apresse,
Et se refait la pluye plus espaisse,
Les soufflemens qui ensemble combatent,
Ores les bois, ores les fleuues batent.
    Pour de cela te mettre en sauuegarde,
Les mois du Ciel & les astres regarde,
En quel endroit fait son cours taciturne
La froidureuse estoile de Saturne,
A quell' planette, en quelle part & signe,
Le feu errant de Mercure decline.
    Prier les Dieux est ton premier office

Et honorer

E t honorer d'annuel sacrifice
. L a grand' Ceres, lors qu'en gaye verdur
A s fait tes blez : quand toute la froidur
E st abbatue, & la prime saison
E st au serain : adoncq' tu as foison
D'aigneletz gras & de uin sauoureux,
A lors tu as le dormir amoureux,
E t croist es mons un ombrageux feuilla
Q u'en ta faueur ieunes gens de uillage
E nuers Ceres facent prieres tous :
T oy pétrix luy du miel, lait, & uin do
P uis que l'hostie en bon point, alentour
D es blez noueaux trois fois face le tou
L a Chantrerie & la gaye sequelle
D es compagnons, marche en ioye auec e
E t que Ceres ell' appelle a clameurs
E n ses greniers. Auec ce, les blez meurs
H omme n'y ait qui de faussille tranche,
T ant que premier d'une tortisse branche
D e Chesne, il n'ait la teste enuironnee,
E n demenant danse non trop ornee,
D isant parmi, carmes, chansons, & hymnes.
    O res affin que par plus certains signes
S achons comment les saisons se demeinent,
C haud, pluye, & uens qui la froidure ameinent,
I celuy Pere a establyles lois

G

Qu'enseigneroit la Lune par les mois,
A quoy les Vens on iugeroit croiſſans
D euers midy:quoy ſouuent congnoiſſans
L es Laboureurs,ſe peuſſent ſouuenir
D e leur beſtail plus pres du toit tenir.
    D es que les Vens s'appreſtent de ſouffler, †
L es flotz eſmuz commencent a s'enfler,
E t des haultz mons un bruit tonne & s'éclatte:
O u un murmure au large ſe dilate
D es reſonnans riuages qui ſe troublent,
E t des foreſtz les ſoufflemens redoublent:
I a mal agré peuuent les groſſes eaus
S e contenir d'entrer dens les uaiſſeaux,
Q uant les Plong'ons reuolent promptement
D e la mer haulte,& au port droittement
P ortent leurs criz:& ſus la riue en bas
F oucques de mer demeinent leurs esbatz,
E t le Heron laiſſant les eaus congnues,
L eue ſon uol parſus les hautes nues:
A uſſi uoirrez les eſtoiles ſouuent
T omber du Ciel contrebas,quant le Vent
S e ueult leuer,& blanchir en circuit
L ongs traiz d'éclairs par l'obſcur de la nuit:
S ouuent uoirrez les legeres paillettes,
E t ça & la les caducques feuillettes
S' éparpiller,& les plumes nouer

A *fleur de l'eau,& enfemble iouer.*

M *ais quand deuers* Boree *le terrible*

S *ourd la tempefte,& la maifon horrible*

D'Eure *&* Zephyre *eft en groffes aleines,*

L *ors tous les champs nouent a foffes pleines,*

E *t fus la mer les mariniers timides*

F *ont un amas de leurs uoiles humides.*

T *emps pluuieux oncques au defpourueu*

N *e nous furprint:ou les* Grues *l'ont ueu*

V *oulant uenir,& de haute uollee*

L' *ont euité du bas d'une uallee:*

O *u bien la* Vache *auec fon large nez*

L *eué au* Ciel,*a les uens aleinez:*

O *u es mareiz la babillarde* Ironde

P *ar cy par la eft uolee a la ronde:*

E *t au limon les grenouilles tandis*

O *nt gazouillé leurs tenfons de iadis:*

E *t bien fouuent de fa creufe retraitte*

A *le* Fourmy *par une uoye eftrette*

T *rainé fes œufz :ou l'*Arc *de rondeur grande*

A *humé l'eau:& les* Corbeaux *en bande*

T *ous affemblez du repas s'en reuont,*

E *t pres a pres leurs ælles bruire font:*

P *uis uous uoirrez de mer diuers oifeaux,*

E *t ceux außi qui enuiron les eaus*

D *u doux* Caiftre,*es prez* Afiens *fouillent,*

G ij

Qui a l'enuy de rosee se mouillent
Le dos souuent: or' la teste ilz presentent
Aux flotz de l'eau, or dessouz ilz s'absentent,
Et les uoirriez par signe tesmoigner
L'enuie en uain qu'ilz ont de se baigner:
Lors la Corneille ennuyeuse a plein bec
La pluye appelle, & est au sable sec
Marchant seulette auec soy amusee.
Les filles mesme en filant leur fusee
N'ignorent pas la uenue d'icelle,
De nuit uoyans l'huile qui estincelle
Dedens la Lampe, & par dessus paroissent
Des potirons pourriz qui y surcroissent.
  Or non pas moins le beau temps peux preuoir
Et l'air serain, que le temps de pleuuoir,
Et le congnoistre a signes manifestes:
Car la splendeur des estoiles celestes
Aux yeux alors ne se monstre hebetee:
N'aussi la Lune aux rayons endettee
Du frere sien n'est blesme a son leuer:
Et ne uoit on parmy l'air s'eleuer
De laine blanche aucuns bouchons petitz:
Les Alcyons bien aimez de Thétis
On ne uoit point leurs plumages estendre
Sus le riuage au Soleil foible & tendre:
Et a l'ecart du groing les ors Pourceaux
                          N'espande

N'eſpandent point de fange les monceaux:
M ais les brouillars plus uiſiblement tendent
E ncontrebas,& ſus le champ s'eſtendent:
E t le Hibou du hault de quelque ſouche,
E n attendant que le ſoleil ſe couche,
S es chantz adoncq' nocturnes point ne rend:
N iſe en l'air clair ſublime eſt apparent,
E t Scille lors punie eſt du peché
D u cheueu rouge a ſon pere arraché:
D e quelque part que de l'ælle elle euite
E n fendant l'air,luy qui uole ſi uite,
V oicy par l'air l'ennemy plein d'aſpreſſe
D'un bat ſifflant Niſe la ſuit & preſſe:
E t de la part que Niſe en l'air uole,elle
F uyant ſon uol,fend ſubit l'air de l'ælle.
L ors les Corbeaux d'une gorge eſtreſſie
T rois fois ou quatre ont leur uoix eſclaircie,
E t en leurs iucz ſouuent par les fouillars
D'un ne ſay quel paſſetemps plus gaillars
Q ue parauant,enſemble ſe debatent:
A pres le temps pluuieux ilz s'esbatent
A uiſiter & aller faire chere
D edens leurs nicz a leur lignee chere.
    Q u'eſprit du Ciel leur ait eſté donné
I e ne le croy,ou qu'auec eux ſoit né
T el iugement,que par quelque prudence

S oient excedans fatalle prouidence:
M ais quand ce uient que l'orage tonnant,
E t la moiteur du Ciel qui ua tournant
C hangent leurs tours, & donnent lieu aux autres,
E t Iupiter moité au moyen des Austres
C e qui estoit tantost clair, espaißit,
C e qui estoit espais, il esclaircit,
L ors les espriz autres formes reçoiuent,
E t dens les cueurs mouuemens se reçoiuent
E n un instant, tous autres qu'ilz n'estoient
L ors que les uens les nues tempestoient.
D e la le chant a tous oiseaux aggree,
E t le bestail par les champs se récree,
E t aux Corbeaux la gorge est si gaillarde.
   O r maintenant si tu ueux prendre garde
A u Soleil roide, & aux Lunes qui uont
D e iour en iour & tour succeßif ont,
L'heure i amais tromper ne te dëura
D u lendemain, & ne te decëura
L a nuit en rien pour claire qu'elle soit.
I ncontinent que la Lune reçoit
L e nouueau feu que le Soleil luy donne,
S i de sa corne obscure ell' enuironne
A ir tenebreux, ce sera pluye extresme
D essus la terre & dessus la mer mesme:
M ais s'ell' espand de son uisage lors

V ne rougeur uirginalle dehors,
C e sera Vent:la doree Lune est
R ouge tousiours alors que le Vent naist.
E t au rebours si ell'est pure & belle
E n son quart iour(car celuy la s'appelle
L 'auteur certain)& s'elle n'a les cornes
P armi le Ciel n'hebetees ne mornes,
T out ce iour la,& tous autres expres
Q ui iusqu'au bout du mois uiendront apres,
D u uent seront & de la pluye exemps:
E t sus le port payeront leurs presens
L es mariniers sauuez de toute perte,
Q u'a Panopee a Glaucque a Melicerte
L e filz d'Inon,ilz uouerent deuant.
    E t le soleil aussi en se leuant,
E t quand au soir souz les eaus entrera,
D u temps & air signes nous monstrera:
S ignes tresseurs au Soleil se ioindront,
S oit au matin quand ses rayons poindront,
S oit sus le uespre au leuer des estoiles.
    A lors qu'il a dessouz nubileux uoiles
V n orient de diuerse macule
T out uarié,& son globe recule
P ar le milieu,c'est pour doutter beaucoup
D'auoir de l'eau:Car d'enhault sort acoup
L'Austre au bestail,blez,& arbres nuysant:
                                    G iiij

O u quand un peu auant le iour luiſant
D iuers rayons s'eſtendent tout au large
S ouz une nuë eſpaiſſe qui les charge:
O u quand l'Aurore iſſant du iaune lit
D e ſon Tithone, a ſon leuer pallit,
L as il ſera malaiſé aux feuillettes
D e garentir les grapes nouuelletes,
T ant forte Grelle horrible petillante
V ient de roideur ſus les tuiles ſaillante.

    C ecy noter encores uaudra mieux
Q uand le Soleil ayant luſtré les Cieux
S e couchera: car ſouuent nous uoyons
P luſieurs couleurs errer ſus ſes rayons.
I l nous predit la pluye s'il eſt pers,
C ouleur de feu denote uens apers:
M ais quand & quand ſi macules diuerſes
P army ce feu rouge font leurs trauerſes,
L ors tu uoirras que tout ſera feruent
T out a un coup & de pluye & de uent:
H omme n'y ait qui ſon conſeil me donne
Q ue celle nuit ſus mer ie m'abandonne,
O u que du port les cordes ie deſtache.
M ais ſi le Cercle eſt luiſant & ſans tache
  ors que le iour ſus terre apportera,
  t que l'ayant apporté, l'oſtera,
  n uain craindras la pluye, & pourras uoir
                       D'aquilon

D'aquilon clair les Foreſtz ſe mouuoir.
E t brief, quel temps le tardif Veſpre braſſe,
E t d'ou le uent les claires nues chaſſe,
E · t ce que l'Auſtre humide nous machine,
C'eſt le Soleil qui le monſtre par ſigne:
O u eſt celuy qui oſeroit ſonger
Q ue le Soleil fuſt en rien menſonger?
L uy qui deſcouure auec ſigne eminent
S ouuent maint trouble, occulte & imminent,
T rahiſon, guerre, & coniuration:
L uy qui de Romme ayant compaſſion,
L ors qu'a Ceſar auint mortel meſchef,
D e rouille noire obſcurcit ſon clair chef:
E t du remors de la mort paternelle,
L e Siecle eut peur d'auoir nuit eternelle:
B ien que la Terre & la Mer, ſans cela,
E t les mátins uillains en ce temps la,
E t les oiſeaux de uollee importune
D onnoient par tout ſigne de l'infortune.
　Combien de fois le feu en Etne clos
A uons nous ueu par les Champs des Cyclops
S e deſgorger a bouillons ondoyans,
A yant rompu les fourneaux flamboyans:
G ros pelotons de flamme repanduz,
E t les Rochers de grand' chaleur fonduz:
L a Germanie a ouy les allarmes

P ar tout le Ciel des reſonnantes armes:
D'un nouueau branle ont les Alpes tremblé:
E t une uoix hautaine a redoublé,
D e loing ouye es foreſtz taciturnes:
E t par l'obſcur les fantaſmes nocturnes
O nt eſté ueuz pallir d'eſtrange forme:
L es beſtes meſme ont parle (choſe enorme):
L e cours tout court des riuieres demeure,
L a terre s'ouure, & par les Temples pleure
L' iuoire triſte, & y ſue l'erain:
L e Pau ſeigneur de fleuues ſouuerain
S' en ua nayant les bois a la trauerſe,
E t d'un debord bruyant il les renuerſe:
P ar tout es champs d'une roideur tant forte
T out le beſtail & eſtables emporte.

A u meſme temps n'ont les ueines hideuſes
D e ſe monſtrer es entrailles piteuſes
I amais ceſſé: le ſang couler des puiz:
L es loupz urlans ont fait toutes les nuitz
L oing retentir des uilles les hautz feſtes:
O ncq tant de fois ne cheurent les tempeſtes
D e l'Air ſerain, ny au Ciel manifeſtes
A rdre on ne uit les Comettes funeſtes.

C' eſt donq' pourtant que les Romains ſoudars
S' entr' aſſaillir auecques pareilz dars
L a Philippie a ueuz encores un coup:

E t n'a

E t n'a semblé aux Dieux estre beaucoup
Que l'Emathie & les Champs espanduz
D'Eme,deux fois plus gras se soient renduz
De nostre sang.Pensez que d'orenla
Les paisans labourans ces champs la
Descouuriront de leurs socz,dars de guerre
Desia rongez de rude rouille en terre,
E t des rasteaux pesans renuerseront
Les heaumes creux,& des grans os seront
E n déterrant les tombes,esbahiz.

   Dieux gardiens sacrez de ce pais,
R omule,& Vesté,ayant entre tes mains
Le Tybre Tousque & les palais Rommains,
C e ieune Prince,au moins,n'empeschez pas
De secourir ce siecle foible & bas:
R eceu auons pieça l'ample guerdon
Du desloyal Troyen Laomedon,
T out au despens de nostre sang & uie:

   La court du Ciel pieça nous porte enuie
Qu'elle,ne t'a,Cesar,& n'est contente
Qu'as aux mortelz triomphes ton entente:
C ar puiss le temps que les uertuz & crimes
O nt esté mis bout pour bout sans discrimes,
Qu'en tant de lieux guerre cruelle abonde,
T ant de façons de pecher par le monde,
A la Charrue honneur on ne fait point

T el qu'il conuient:les Champs font mal empoint:
L es Laboureurs diſtraiz de leur affaire
D es courbes faux longs eſtocz ont fait faire:
D'icy Euphrate en armes fe remue,
D'autre coſté l'Allemaigne eſt eſmue:
E t les Citez proches,qui les loix faintes
D e l'alliance entr' elles ont enfreintes,
S ont aux couteaux:Mars fans mifericorde
P ar tout le Monde eſpand guerre & difcorde:
N y plus ny moins que quand de la Barriere
L es Chariotz fe font mis en carriere,
T ouſiours leurs cours de plus en plus prend force,
E t le Chartier qui pour neant s'efforce
T enir l'arreſt,des cheuaux eſt porté,
S ans que du char le frein foit efcouté.

FIN DV PREMIER LIVRE
des Georgiques de Virgile.

traductions de l'Autheur.

Sonnet.

QVI d'un Poëte entend ſuiure la trace
  En traduiſant, & proprement rimer,
  Ainſi qu'il faut la diction limer,
  Et du François garder la bonne grace,
Par un moyen luy conuiendra qu'il face
  Egale au uif la peinture eſtimer,
  L'art en tous pointz la Nature exprimer,
  Et d'un corps naiſtre un corps de meſme face:
Mais par ſus tous met ſon honneur en gage,
  Et de grand' peine emporte peu d'eſtime,
  Qui fait parler Petrarque autre langage,
  Le translatant en uers rime pour rime:
Que pleuſt aux Dieux & Muſes conſentir
  Qu'il en uinſt un qui me peuſt deſmentir.

DOVZE Sonnetz de Petrarque: ſauoir eſt
ſept de ceux qu'il fit du uiuãt de ſa Dame Lau
re: & cinq autres depuis la mort d'icelle.

PER FAR VN A leggiadra ſua uendetta,
  Second Sonnet de la premiere partie.

Amour pour faire une ueng'ance appoint,
  Et en un iour mille offenſes me rendre,
  Reprint ſon arc, comme un qui ſait attendre
  D'aguet pour nuire, & l'endroit & le point.

M a forcé au cueur s'estoit retraitté, empoint
   De se pouoir la & es yeux défendre,
   Q uand uint la bas le coup mortel descendre,
   O u rebouschoit tout dard qui les cueurs point.
P ourtant troublee en soy de prime face,
   O ncques n'eut tant de uigueur ny d'espace,
   Q u'au besoing peust des armes se saisir:
O u au haut tertre & facheux mé retraire
   Hors de l'ennuy, dont auiourd'huy desir
   I' ay de m'aider, & m'auient le contraire.

IO SON GIA stancho di pensar sicome.

L V.

I a de penser suis las dou uient, madame,
   Q ue ne sont las les pensers qu'en uous fais,
   E t que ie n'ay, pour fuir le grief fais
   D e ces soufpirs, ia abandonné l'ame:
E t qu'en parlant de ce ris qui m'embáme,
   C heueux, & yeux, tous les sons & effetz
   D e ceste langue, en moy ne sont deffaitz,
✝ Q ui uostre nom iour & nuit tant reclame:
E t que mes piez, quand apres uous ilz uont
   E n toutes pars, ne sont tous aggrauez,
   P erdans en uain cent mille pas qu'ilz font,
E t dou uient l'ancre, & les escritz grauez
   A uostre los: ou, s'il y a default,
   C'est Amour seul, & non pas l'art qui fault.

I BEGLI·

I BEGLIOCCHI ond' i fui percoſſo in guiſa.

LVI.

Ces yeux tant beaux, dont fu nauré, en ſorte
    Que de ma playe eux meſmes ſeroient tente,
    N'ó uertu d'herbe, ou art qu'enchanteur tête,
    Ou d'outre mer quelque pierre qui ſorte,
M'ont d'autre amour tellement clos la porte,
    Qu'un doux penſer ſeul mon ame contente:
    Et ſi la langue a le ſuiure a entente,
    Sa guide bien, non elle blaſme en porte.
Sont ces beaux yeux par qui les entrepriſes
    De mon ſeigneur uictorieuſes ſont
    En tous endroiz, mais plus ſus mon coſté:
Sont ces beaux yeux, qui touſiours leur place ont
    Dedens mon cueur auec flammes eſpriſes,
    Doncq' parler d'eux ne fu oncq' deſgouſté.

S'AMOR NON é, che dunque é quel ch'i ſento?

CIII.

Que ſens ie en moy, s'amour ne ſuis ſentant?
    Si c'eſt amour, quel peut il eſtre, & quoy?
    Si bon, dou uient l'effet mortel de ſoy?
    Si non, dou uient que le mal m'en plaiſt tant.
Si i'ars a gré, que uois ie lamentant?

S i a mal gré, qu'en uaut le triste esmoy?
O uiue mort! doux mal, as tu sus moy
T ant de pouoir, si n'y suis consentant?
S i i'y consens, a grand tort ie me deux:
S ans gouuernail ie me trouue en mer plaine,
E n nef fragile, entre uens si diuers,
De sauoir uuide, & d'erreur si fort pleine.
Q ue ie ne say moymesme que ie ueux:
L'esté ie tremble, & brulle les hyuers.

P A C E non trouo, & non ho da far guerra.
C V.

P aix ie ne trouue, & n'ay dont faire guerre:
I' espere & crains, ie brulle, & si suis glace:
I e uole au Ciel, & gis en basse place:
I' embrasse tout, & rien ie ne tien serre.
T el me tient clos, qui ne m'ouure n'enserre,
D e moy na cure, & me tourne la face:
V if ne me ueut, & l'ennuy ne m'efface,
E t ne m'occit Amour ny ne desserre.
I e uoy sans yeux, sans langue uois criant:
P erir desire, & d'ayde i'ay enuie:
I e hay moymesme, autruy i'aime & caresse:
D e deuil me pais, ie lamente en riant:
E galement me plaisent mort & uie:
E n cest estat suis pour uous ma maistresse.

Amor

AMOR che uedi ogni penſiero aperto.
CXXXI.

A mour, qui uoiz tous mes penſers a nu,
    E t les durs pas ou ſeul guide tu m'es,
    Iuſques au fons de mon cueur tes yeux metz
    A toy ouuert, a tout autre incongnu:
E n te ſuiuant ſaiz ce qu'ay ſouſtenu,
    E t toy qui cours de ſommetz en ſommetz,
    D e iour en iour, ne t'auiſes iamais
    D e moy ſi las, en chemin ſi cornu.
B ien uoy de loing ce doux feu qui m'allume,
    L a ou ton ueuil m'eſperonne & me uire:
    M ais, comme toy, ie n'ay pour uoler plume.
T u rens content mon deſir a ſuffire,
    B ien qu'en deſirs iuſtes ie me conſume,
    s'el' n'a deſpit que pour el' ie ſouſpire.

HORCHE'L Ciel e la terra e'l uento tace.
CXXXII.

O r que le Ciel, Terre, & Vent eſt paiſible,
    E t que ſommeil tout animal demeine,
    L a nuit le char eſtellé en tour meine,
    Q u'en ſon lit eſt la mer ſans flotz taiſible,
I e ueille, ars, penſe & pleure: & m'eſt uiſible
    C e qui m'occit, pour ma tresdouſſe peine:
    M on eſtat eſt guerre d'ire & deuil pleine,
    E t paix trouuer, qu'y penſant, n'eſt poſſible.

H

D oncq' seulement d'une source tresuiue
    D oux & amer sort,dont me uois paissant:
    V ne main seule, & me guerit & point:
E t puis affin que mon mal n'aille a riue,
    C ent fois le iour suis mourant & naissant,
    T ant loing ie suis de mon salut desioint.

Cinq sonnetz de ceux que fit Petrarque depuis
    la mort de sa dame Laure.

O IME IL BEL uiso, oime il dolce sguardo,
    Premier Sonnet de la seconde partie.

L as beau uisage,helas yeux aux doux trait,
    L as gentil port diuin, las facond dire,
    Q ui rēdoit hūble un cueur rude & plein d'ire
E t le plus lourd,gaillard par son attrait:
L as plaisant ris,duquel partoit le Trait,
    D ont plus,o Mort,a nul bien ie n'aspire:
    E sprit royal,& bien digne d'empire,
    S i tard uers nous ne te fusses retrait.
P ar uous conuient qu'arde & respire en uous,
    Q ui fu tant uostre: & de uous departi
    T out autre mal moins que cela m'affolle.
P lein me faisiez d'espoir & desirs doux,
    L ors que du uif plaisir ie me parti:
    M ais quoy?le uent emportoit la parolle.

DATE MI PACE O DVRI *miei penfieri.*
VI.

Donnez moy paix, o mes penfers ardens,
    N e fuffit il qu'Amour, Fortune, & Mort
    M e font autour & aux portes effort,
      S ans que ie trouue autre guerre dedens?
E t toy, mon cueur, es comme de tout temps,
    Traitre a moy feul, qui reçoiz en ton fort
    L a bande aduerfe, & ton aide & confort
    A ux ennemis promps & legers eftens.
E n toy Amour fecretz amb. ffadeurs,
    E n toy Fortune affiet toute fa pompe:
    E t en toy Mort met la memoire dure
D u coup, dont faut que ma uie fe rompe:
    E n toy d'erreur s'arment mes grans ardeurs:
    P arquoy tu es feul caufe que i'endure.

POI CHE LA VISTA *angelica ferena.*
VIII.

P uis que la face angelicque fereine
    P ar un fubit partir, en grand fouci
    A laiffé l'ame, & en clos obfcurci,
    E n parlant tache a addouffir ma peine.
C ertes deuil iufte a lamenter me meine:
    C il qui de tout eft caufe, Amour auffi,

H ij

S ait que mon cuœur n'auoit autre merci
C ontre les maux dont ceste uiœ est pleine.
T a main,o Mort,iceluy m'a osté:
E t toy qui clos & gardes auec toy,
Heureuse terrœ,une telle beauté,
M'as bien laißé aueuglœ & plein d'esmoy,
P uis que n'est plus ceste doußse clairté
B ellœ & luisant' de mes yeux,auec moy,

ANIMA bella da quel nodo sciolta.

XXXVII.

A me gentillœ estant du las desceinte
T el que Naturœ ourdir oncq' n'en seut mieux,
T u uoiz ma uiœ obscure des haux Cieux.
De si grand' ioyœ a lamenter contreinte.
L a faußœ estimœ est de ton cueur esteinte,
Qui pour un teps me fit aßprœ en maintz lieux
T a doußse ueuœ:or' me tournes les yeux
T outœ aßeurœ,& escoutes ma plainte.
V oy au grand Roc duquel Sorguœ est naißant',
V n entre l'herbœ & l'eau,seul se paißant
D e ta memoirœ,& de deuil & malaise:
Et l'aiße la l'endroit,ou au cercueil
E st mis ton corps,& dont uint nostre accueil,
Pour ne uoir rien es tiens qui te desplaise.

Mente

MENTE *mia che prefaga de tuoi danni*
XLVI.

A *me,qui fus de tes pertes prefage:*

   A *u temps ioyeux ia triste et déguifee,*

   Q *ui tant cherchois en la face prifee*

   A *ux maux futurs de repos quelque ufage,*

A *ux faitz, aux ditz,a l'habit,au uifage,*

   A *la pitié de douleur attifee,*

   D *ire pouois,fi fuffes auifee*

   D *e tout,ce iour eft fin de mon doux age.*

Q *uelle douffeur fut celle, o dolente ame,*

   E *t quelle ardeur,alors que de ma* Dame

   I *e ui les yeux que ne deuoy plus uoir!*

Q *uand au partir,comme a deux chers amis,*

   M *es doux penfers,mon cueur,qui eft l'auoir*

   P *lus noble et beau,en leur garde ie mis!*

De Martial,*Vitam quæ faciunt beatiorem,*
Iucundiffime Martialis,*hæc funt.*

B *ien par labeur non acquefté,*

M *ais delaiffé de pere a filz:*

T *erre rendant loyaux profitz,*

B *on foyer hyuer et efté:*

   E *ftre a faire la court tardif,*

N *ulz proces,efprit fans querelle,*

Et uiue force naturelle
Dedens un corps non maladif:
  Vne sage simplicité,
A mis de nature sortable,
Entre gens facile & traittable,
Repas sans curiosité:
  La nuit ou l'homme ne soit yure.
Toutesfois nul soing apportant:
Ménage chaste, qui pourtant
Soit de chagrin franc & deliure:
  Sommeil qui soit de tel plaisir,
Que la nuit face moins durer:
Estre ce qu'on est endurer,
Et n'auoir point plus haut desir:
  Ne craindre le iour qu'on mourra,
Aussi ne le souhaitter point,
Sont les moyens de point en point
Comme heureux uiure lon pourra.

La XVI Ode du premier liure des Carmes d'Ho-
      race:Contre ceux qui regrettent tranquillité
      apres l'auoir de leur bon gré laissee.
                Otium diuos &c.
Des que la nue obscure a la Lune couuerte,
Et n'est aux mariniers certaine estoile ouuerte,
Celuy qui est surpris en mer Egee aperte,

R epos uers le Ciel crie:

L a furieuſe Thracę a la guerre ſugette,

E t les Medois ornez de trouſſę & de ſagette,

C rient repos,repos,qui pour or ne s'achette,

P ourpre ny pierrerie:

    C ar les riches treſors,n'huiſſiers des preſidens,

N'appaiſent ce grand troublę enraciné dedens,

L equel uolę alentour des logis euidens

A ux lambriſſees ſalles.

    C eluy de peu uit bien,auquel ſus courte table

L uit la ſalliere qu'eut le ſien perę acceptable:

S on doux ſommeil ne rompt frayeur eſpouëtable,

N e couuoitiſes ſalles.

    E n ceſt age ſi brief que couuoitons nous tant?

P ourquoy en terrę eſtrangę ainſi ua lon hantant?

O u eſt celuy de tous du pais s'abſentant,

Q ui pour cela ſe fuye?

L e ſoing immoderé les nauires conuoye ,

N y des fors eſquadrons des genſdarmes deſuoye:

C ar il eſt plus leger que Cerf,ni uent qu'on uoye

C haſſer la nuę & pluye.

    L eſprit gay du content,ne ſoit point deſireux

D e ce qui eſt plus grand,& les cas doloreux

M elle d'un ris moyen:car rien n'eſt qui heureux

D u tout en tout demeure:

A uant ſes iours eſt mort Achille de renom,

L ongue vieilleſſe oſta de Tithone le nom:
I' auray peut eſtre auſſi quelque choſe, & toy nõ,
A inſi que uoudra l'heure.

    P res de toy cent troupeaux & uaches de Sicile
B rayent, & la iument au chariot docile
T u eſcoutes hennir, & d'auoir t'eſt facile
L aines teintes deux fois
E n eſcarlatte uiue: & i'ay petiz pourpris,
E t la Parque non fauſſe un ſtyle m'a appris
D e la Muſe Lyricque, & auoir a meſprix
D u faux peuple la uoix.

   Ode XXXI dudit premier liure: Que c'eſt
    qu'un Poëte demande a Phebus.
      Quid dedicatum &c.

Qu'eſt ce qu'un Poëte prie
A Phebus conſacré?
E t qu'eſt ce qu'il luy crie,
D es uins nouueaux a gré
E s taſſes reſpandant?
L a moyſſon plantureuſe
D e Sardeigne l'heureuſe
P oint ne ua demandant:
   D es graſſes bergeries
De Calabre endroit chaud,
D'iuoire ou pierreries

D es Indes ne luy chaut,
D es champs il ne s'émoye
Q ue le Lyre qui dort,
S ouuent arrouſe & mord
D e ſon eau ſombre & coye.
   A qui fortune baille
D es uignes, qu'il y boute
L a ſerpe qui bien taille:
L e marchant riche égoutte
T aſſes d'or a rechange
D es uins de friandiſe
P ris pour la marchandiſe
D e Syrie, en eſchange.
   B ien le doiuent aimer
L es Dieux, qui ua s'ébatre
E n l'Atlanticque mer
T rois fois l'an, uoire quatre,
E t reuient bagues ſauues:
A part moy tout en paix
D'O liues ie me pais,
C ichorees, & Mauues.
   F ay moy, filz de Latonne,
D es biens que i'ay, ſans plus,
I ouir en ſanté bonne:
D onne moy au ſurplus
S ain eſprit & entier,

ODES

V ieilleſſe ſans ordure,
E t a qui touſiours dure
L e Lyricque meſtier.

L'Ode ſeconde de l'Epode d'Horace,
Des louanges de la uie Ruſticque.
Beatus ille qui procul negotÿs &c.

Bienheureux ie repute l'homme
L ointain d'affaires, ainſi comme
I adis noz peres ſouloient uiure,
D e ſes beufz les champs cultiuant
Q ue ſon perg eut en ſon uiuant,
D'uſure tout franc & deliure.
I l ne s'éueille aux fiers alarmes
D es trompettes, ſuiuant les armes,
E t ne craint Neptune irrité:
F uit le Palais tumultueux,
E t les hautz logis ſomptueux
D es grans Seigneurs de la cité.
D oncq' les prõuins de grandeur bonne
T antoſt en mariage il donne
A ux Peupliers qui ont hautz coupeaux:
O u a l'ecart ſe ua retraire
E n la uallee, & entend braire
E t uoit follatrer ſes troupeaux.

Tantoſt de ſa Serpette tranche,
Pour y enter greffe plus franche,
Le ſion qui eſt inutile:
Ou tond ſes foiblettes brebiz:
Ou dedens uaiſſeaux bien fourbiz
Le Miel de frais tiré diſtille.

Puis quand l'Autonne eſt retourné
Dreſſant aux champs ſon chef orné
De fruiz qui a manger ſon preſtz,
Qu'il eſt fier de cueuillir la poire
Entee,ou le beau raiſin,uoire
Qui fait honte au Pourpre de pres!

Pour t'honorer,o Dieu Priape,
Et toy,Syluain,d'icelle grape,
Syluain tuteur des ruraux termes.
Maintenant il prend ſon plaiſir
Deſſouz un uieux Cheſne geſir,
Ou ſus l'herbe aux racines fermes.

Tandis du hault rocher les eaus
Il oit couler,& les oiſeaux
Qui ſus les branchettes fredonnent:
Il oit les fontaines bruyantes
Des claires eaus aual fuyantes,
Qui deſir de doux ſommeil donnent.

Mais quand le Dieu de la tempeſte
La ſaiſon hybernalle appreſte,

N eiges, pluyes, & temps uenteux,
L es Sengliers apres ça & la
C haſſe a force de chiens qu'il a
D ens les retz tenduz deuant eux.

 O u il tend a la droitte perche
S es clairs filetz, & illec cherche
D eceuoir la Griue friande:
L iëures paoureux au trac ſurprend,
L a Grue paſſagere prend,
T ant pour plaiſir que pour niande.

 O u eſt l'hommẹ entre ces ébatz,
Q ui ne miſt le malaiſe bas
Q ue ce faſcheux Amour procure?
E t puis ſi la femme pudicque
S outient part du fais domeſticque,
E t de ſes chers enfans a cure,

 C ommẹ une Sabine peut eſtre,
O u femme d'un Pouillois addeſtre,
H allee des eſtez paſſez:
Q ui dens le ſacré foyer tiene,
A ins que ſon las mary reuiene,
F agotz de long temps amaſſez.

 E t qui au parc tiſſu de clayes
C louant les beſtes toutes gayes,
L e pair bien amouillé égoutte:
A pres qui tire du doux muy

       D

Du uin d'une feuille, & pour luy
Dreſſe un ſouper qui rien ne couſte.
   Il n'eſt Lucrine huitre en ecalle
Dont i'euſſe uolupté egalle,
Turbot, ny poiſſon eſtranger,
Quant l'orage qui fort s'entonne
Des flotz d'Orient, nous en donne
En ceſte mer pour en manger.
   De Numidie la Geline,
Ny l'Ionicque Francoline
Ne ſont ſi delicatz morſeaux,
Que pour mon manger ie les priſe,
Tant que l'Oliue, qui eſt priſe
Es branches des gras arbriſſeaux.
   Ou l'Ozeille qui es prez naiſt,
Ou la Mauue, qui fort bonne eſt
Contre le uentre appeſanti:
Ou la Brebiz entre autres beſtes
Occiſe aux Terminalles feſtes,
Ou l'aignau du Lou garenti.
   Quel plaiſir entre ces repeues
Voir les Brebiz ſaoulles & peues
Retourner droit a leur ſeiour!
Voir trainer le ſoc renuerſé
D'un col recreu & rabaiſſé
Aux Beufz laſſez de tout le iour!

v oir au tour du foyer luisant
L es filz de noz serfz, suffisant
T esmoignage de maison riche!
C e pendant qu'ainsi ie deuise,
A lphé usurier soudain s'auise,
E t aux champs tout son esprit fiche:
A ux ides cueult sa dette: & muse
M ais aux Calendes il est prest
D e refaire tout nouueau prest.

VERS LYRIQVES de l'inuention de l'Auteur.

A Madame Marguerite.
Huittain.

Voſtre Printemps eſt floriſſant aſſez,
Dieu doint qu'ayez un plantureux Eſté,
Et des doux fruiz en l'Autonne amaſſez
L'Hyuer iouir auec ioyeuſeté:
C'eſt pour le corps qu'ay cela ſouhaitté:
Quant a l'eſprit, il n'en a point meſtier
Pource qu'il eſt, ſera & a eſté
En ſon Printemps perdurable & entier.

Deſcription du Printemps.

LA SAISON gaye a Venus conſacree,
Qui a Nature entre toutes aggree,
Apres le temps obſcur eſt reuenue:
L'Air tout puiſſant qui toutes choſes cree
Deſcend d'enhault, affin qu'il ſe recree
Dens le giron de ſon eſpouſe nue
Deſirant ſa uenue.
Ia par amour l'un auec l'autre rit,
Et ce grand corps baiſe, embraſſe, & cherit

D e ſa roſeé un corps non gueres moindre:
E t la liqueur infuſe ſe pourrit,
D ont touté eſpecé augmenté & ſe nourrit:
I a les ſions & plantes on uoit poindre,
T out par ce doux conioindre.

    A l'arriuer de Flore gracieuſe
M aint beau bouton & pierre precieuſe,
T erre fecondé engendre de ſon uentre:
D e l'Aquilon l'aleiné audacieuſe,
A ux arbriſſeaux & fleurs pernicieuſe,
Q uitte la placé au doux zephyré, & rentre
E n ſon tenebreux centre.

    L'herbe des champs maintenant ſortir oſe,
E t au nouueau Soleil elle s'expoſe:
N aturé es prez de couleur iaune, blanche,
B leué & uermeillé, un beau tapiz côpoſe:
L a uigné heureuſe a porter ſe diſpoſe
F euillé & bourg'ons auec nouuelle branche,
D e l'hyuer ſauué & franche.

    D'autre coſté par ce grand vniuers
L es animaux de la terre diuers
T ous d'un accord a leurs amours s'émeuuent,
T ant ceux de l'air, que des bois deſia uers:
L es poiſſons meſmé en la grand' mer couuers
D edens leurs eaus eſteindre pas ne peuuent
L es flammes qu'ilz eſpreuuent.

Deux fiers Taureaux d'œil felon & hideux,
L'un contre l'autre au combat hazardeux
Toute leur force & courage abandonnent:
Amour les rend plus agiles tous deux
Que de couftume, & a l'approche d'eux
Les creux rochers iufqu'au Ciel en refonnent,
Du choc qu'ilz s'entredonnent.

Le doux Pig'on auecques fa femelle
Bec contre bec mignardement fe melle,
Et d'un murmure enroué la muguette:
Progne gemit fon Ithis: Philomelle
En regrettant fa fortune comme elle,
Contre Teree inceftueux cacquette
De fa neuue languette.

Au clair ferain les oifillons gentilz
Sont a leurs chantz amoureux ententifz,
Et par accord font mariages maintz:
Puis es buiffons dreffent leurs nicz faittifz,
Pour y couuer & nourrir leurs petitz,
Las qui feront auant temps proye aux mains
Des bergers inhumains!

Tarins, Linotz, & Chardonnetz ioliz
Font fauteler les cueurs melancholicz,
Et retourner les fens du corps iffuz:
Par les bofquetz les herbages poliz
Aux paftoureaux de iour feruent de litz,

                                        I

Garniz de uers pauillons au deſſus,
Que Naturę a tiſſuz.
Mouſches a miel des ruſches ſe ſeparent,
Et les deux Roys au combat ſe preparent,
Accompagnez du peuple courageux:
Les aigneletz qui le troupeau reparent
Par les herbiz folatrent ♄ s'egarent:
Et le paſteur du rocher ombrageux
Leur uoit faire leurs ieuz.

   Les freſches nuitz croiſt la rouſee tendre,
Qui peut encor' l'aube uermeillę attendre:
Mais ce luy eſt force d'éuanouir
Aux premiers raiz que Phebus uiĕt eſtĕdre,
Qui fait, du chaud tĕperé qu'il uiĕt rendre,
A ſon leuer la roſę épanouir,
Pour Venus reſiouir.

   O quel plaiſir en ce temps ſi heureux
Gouſter la fleur ♄ le fruit ſauoureux
De ſes amours ſus la gayę uerdure!
O quel malheur n'eſtre point amoureux,
Encor' plus grand, de uiure langoureux
Par la rigueur de ſa maiſtreſſe dure,
Tant que ce beau temps dure!

   Ceſtuy Printemps luiſoit lors que le Monde
Premierement print ceſte forme ronde,
Et lors que print ſa naiſſance premiere

T out animal dont ceste terre abonde,
O iseaux de l'air, monstres uiuans souz l'onde:
Q uand le Ciel eut sa regle coustumiere,
E t les Astres lumiere.

    C ar la tendreur des corps ũegetatifz
N'eust enduré les raiz penetratifz
D u chaud soleil, ny des uens la froideur:
M ais en tous lieux les zephyres natifz
R eiouissoient l'air, l'eau, bois, & pátiz,
F aisans regner une dousse tiedeur,
E ntre froid & ardeur.

L'Esté.

    Phebus par ses iournelz trauaux
M onté au Tropicque estiual,
Desia attele ses cheuaux
P our s'en retourner contreual:
E t d'autant qu'il descend
D'une allure fort lente,
D e plus en plus se sent
S a force uiolente.

    L'ardeur penetratiue & forte
A cuit la uerdelette humeur
D u tuyau, qui a peine porte
L e ais de l'e i oros & meur

L e beau iour uient semondre
L a champestre famille,
P our des champs l'honneur tondre
D e la croche Faußille.
    L e seur & euident effet
D e si plantureuse rencontre
D e point en point a satisfait
A la fleur & premiere monstre:
C eres aux blons cheueux
S on usure rendant
A exaußé les ueux
D u Rusticque attendant.
    I l fait bon uoir la gaye troupe
E n faisant la moisson nouuelle,
Q ui en chemise le blé coupe,
E t le met par ordre en iauelle:
A chasque bout de champ
D es barriz qui gargouillent
P ar se chaud dessechant
L e gosier tari mouillent.
    M argot pour tous les compagnons
C hargé une friture de pois,
A uecques serfeuil & oignons
S us sa teste en un plat de bois:
P as n'oublié a porter
P ain, uin, & lard pour eux:

E t ſus tous pour traitter

T henot ſon amoureux.

   Conſequemment uont le blé batre

A uecques meſurz & compas,

C oup apres coup,& quatre a quatre,

S ans ſe deuancer d'un ſeul pas:

L e grain au nan purgé

S e meſurʒ au boiſſeau,

P uis ſus l'Aſnʒ eſt chargé

P our porter au monceau.

   Toy Pales qui la garde as priſe

D es prez & plantureux herbiʒ,

E t toy Berger qui pres d'Amphryſe

D'Admete gardas les brebiʒ:

E t uous Dieux des foreſtʒ

A uez en ceſt Eſté

A uſſi bien que Ceres

V oſtre proprieté.

   Car c'eſt le temps que le fauſcheur

S' en ua de ſa faux aceree

A la matinalle freſcheur

T ondre la præriʒ alteree:

E t de ſon bras robuſte

A grans traiʒ fait ſa taſche,

A ins que le hallʒ aduſte

L e rende uain & laſche.

Que dirons nous des pastoureaux
Qui enflent leurs douſſes muſettes,
En uoyant paiſtre leurs taureaux,
Chëᵤres & brebiz camuſettes?
Pres les eaus qui inuitent
D'un murmure bruyant,
La chaleur ilz euitent
Du Soleil ennuyant.

Aucunesfois ſus le muguet
Tenans leurs amours aupres d'eux,
Tandis que le chien eſt au guet,
Deſrobent un baiſer ou deux:
C'eſt aſſez d'un petit:
Car en ſi grand' chaleur
On a plus d'appetit
Que non pas de ualeur.

Entr' eux ilz font a qui premier
Trouuera le nic au bocage
De la Tourtrelle ou du Ramier,
Ou de la Cane au marecage:
Es creuz les Sanſonnetz,
Cailleteaux es ſillons,
Et par les buiſſonnetz
Les autres oiſillons.

En Eſté ſouuent ſe courrouſſe
Iupiter encontre la terre

Et de

E t de main foudroyante pouſſe
C a bas un eſclattant tonnerre:
D u coup es uoiſins lieux
L e peuple fait trembler,
P enſant que terre & Cieux
S e doiuent aſſembler.

    Alors en l'air horrible & trouble
L es uens & les tourbillons croiſſent
A uec pluye epaiſſe,& l'etouble
A gitent,renuerſent,& froiſſent:
C'eſt alors que la peur
F ait les laboureurs bleſmes,
D e perdre le labeur
D e leurs beufz & d'eux meſmes.

    P ource a la premiere ſaiſon
L a famille quotidienne
D oit faire ſon humble oraiſon
A la ſacree gardienne:
C ar le labeur moleſte,
Q uoy que lon ſe trauaille,
S ans la faueur celeſte
N e uient a rien qui uaille.

    Eſté tant aimé des paſteurs,
Q ui tes biés cueuillent & perçoiuent,
T u es contraire aux uiateurs
Q ui des chemins la poudre boyuent,

Ilz seroient en peril
De mortelle auenture
Si n'estoit le baril
Pendu a leur ceinture.

Toutesfois en si fort encombre,
Qui rend les corps uains & failliz,
On recouure uigueur en l'ombre
Au milieu des bois & tailliz.
En ce plaisant seiour
Le Soleil si peu luit,
Qu'au plus hault point du iour
Il y semble estre nuit.
On oit bruire les eaus clairettes,
Qui glissent du pié d'une roche
Par sus les polies pierrettes,
La ou le bestail point n'approche:
Maintes Nymphes s'y baignent
Seurement toutes nues,
Sans que point elles craignent
D'estre de nul congnues.
Souuent les bergers a l'emblee
Auec amoureuses sequelles
Sont allez pour uoir l'assemblee,
Ce pendant qu'il n'y auoit qu'elles:
Mais oncques aux yeux d'ame
Ne s'offrirent ensemble

Fors a ceux de ma Dame,
Pour ce qu'el' leur ressemble.

L'Autonne.

L'Astre annuel gouuerneur des saisons
En discourant les celestes maisons
Laisse la Vierge Astree,
Et fait l'egal seiour
De la nuit & du iour,
Ayant la Liure entree:
Bacchus qui regne en son uineux Autonne
Fait apprester pressoir, cuuier & tonne.
    Ses brodequins le uendangeur despouille,
Des piez trepigne, & de moust il les souille:
Le grain qu'il ua foullant
A grand torrent degoutte
Ceste premiere goutte
En la cuue coulant'.
Et puis le fust sus le marc on fait geindre,
Pour iusqu'au sec le geiner & estreindre.
    Taons & bourdons murmurent a lentour:
Du doux raisin d'allee & de retour:
Et la guespe assouuie
De la fleurante odeur
Perd par trop grand' ardeur

E n pleine mer sa uie:

L e mouscheron qui du fumet s'enyure

M eurt au milieu de ce qui le fait uiure.

   M uiz & tonneaux peuuent suffire a peine

P our receuoir ceste uinee pleine:

L e uin qui bout & fume

D e chaleur tant abonde

Q u'il fait saillir la bonde,

P our getter son escume:

O combien est asseuré le cerueau,

Q ue n'estourdit ce breuuage nouueau!

   L es iours & nuitz se sentent maintenant

M oins de l'Esté que de l'Hyuer uenant:

C e temps si uariable

A uec quatre discors,

A la sante du corps

E st bien peu amyable:

C hacun se garde alors que ne l'accueille

L e mal qui l'homme emporte auec la feuille.

   Estre tu doiz Pomonne icy presente:

C este saison n'est de tes dons exempte:

L es arbres appuyez

D' autre que de leur bois,

D e porter ce grief pois

S ont desia ennuyez :

L e iaune Coing, la Pomme uermeillette

Mon   ent

M onstrent a l'œil qu'ilz sont en leur cueillette.

    Cest arbre la mon grand pere a planté,

C est autre icy moymesme i'ay enté:

L' arbre s'esbahit bien

De sa nouuelle branche,

E t la souche non franche

D'un fruit qui n'est pas sien.

L' homme par art a Nature commande

Q ue son aspresse en dousseur ell' amende.

    Tu as l'honneur, Autonne, de tous fruiz,

F ors quelque peu que l'Esté a destruiz:

C ar besoing a esté

S a force immoderee

E stre un peu temperee

P ar contrarieté:

M ais toy, d'autant que ta cueillette tarde,

F aiz que les fruiz sont de meilleure garde.

    L es soufflemens des uens froidz, lens & secz

H ument l'humeur d'arbres, plantes, & seps:

V ulturne qui tout pille

L es bois a sa uenue

D e leur feuille desnue:

E t en l'air l'eparpille:

T oute la terre en lieu de robe uerte

D e grans monceaux de feuilles est couuerte.

L'Hyuer.

L e flambeau qui les Cieux orne
D escendant au Capricorne
D ouble les nuitz, & differe
L es iours en nostre hemisphere:
V oicy l'Hyuer triste & morne.

B acchus, Ceres & Venus
O nt chacun leurs rengs tenuz:
E ole a present gouuerne,
E t lasche de sa cauerne
L es Vens long temps detenuz.

D e leur clos a foulle ilz partent,
E t de grand' roideur s'escartent,
E n la mer, forestz & plaines,
E t leurs bruyantes aleines
P ar les quatre coings departent.

Leur uiolence subite
P ar la terre se despite,
E t les arbres, qui n'ont pas
L a racine ferme en bas,
R ompt, renuerse, & precipite.

Le Chesne uieux ilz aßaillent,
E t par entr'eux ilz bataillent:
E ure & Boree a grand' force
C a & la bransle & entorse
A uec Zephyre luy baillent.

Son age,

Son age, force, & groſſeur
N e l'euſſent peu tenir ſeur
Q u'a eux il n'euſt ſuccombé,
S i le feuillage tombé
N'euſt eſclaircy l'eſpaiſſeur.

Des fleuues le cours hátif
E ſt arreſté tout captif:
E t les eaus eſtreint & lie
De glace eſpaiſſe & polie
L'Aquilon penetratif.

Les poiſſons ſont eſtonnez
De ſe noir empriſonnez,
Qui au large eſtre ſouloient:
E t ou les bateaux couloient,
Les Chariotz ſont tournez.

Du nez coule la roupie
A la bergere accropie,
Qui maugré la Biſe eſſaye
E n uain au pié d'une haye
S ouffler la flamme aſſopie.

Quelque beſte qui puiſſe eſtre,
Ou domeſticque, ou champeſtre,
T outes eſpeces d'oiſeaux
E s bois, es rochers, es eaus
N e trouuent rien a repaiſtre.

Puis les neiges aſſemblees,

Qui ont les fosses comblees,
Et couuert chemins & places,
Les accoustumees traces
Aux cheminans ont emblees.

    Ce blanc poli esclattant
Contre la nuit combatant,
Parmy le nocturne uoile
Plus que Lune ou autre estoile
De lueur ua departant.

    Le Liëure querant repas
Se rend descouuert aux pas
Qu'il fait ça & la marchant,
Et en sa uie cherchant,
Est cause de son trespas:

    Car quand le iour est luisant,
Au trac seua conduisant
Le pasteur qui n'en déuoye,
Tant qu'en fin l'endroit il uoye
La ou la proye est gisant.

    Hyuer uenteux, sombre & nu,
Transi, frilleux & chenu,
Si est ce que maint plaisir,
A qui bien l'a seu choisir,
En ta saison est uenu.

    On chasse par mons & uaux
Cerfz auec chiens & cheuaux:

Ou lon prend l'oye estrangere,
Et la grue passagere,
Doux butins de ses trauaux.
    Le laboureur qui espere
L'an auenir plus prospere
Que n'ont esté les passez,
Despend les biens amassez
En ioye auec son compere.
    Les soeues & longues nuitz,
Et le uin des nouueaux muiz
Desia pur & escumé,
Et le beau feu allumé
Des cueurs chassent les ennuiz.

AV SEIGNEVR PIERRE DE
Ronsart, l'inuitant aux champs.

Ie suis las de la uille
Qui bruit comme tempeste,
Ceste tourbe ciuile
M'allourdit & enteste:
Allons cueillir la guigne,
Allons uoir les champs uers,
Les arbres tous couuers,
Et la fleur en la uigne.
    Pour auoir attendu
Vn petit trop long temps,
Ie crains qu'ayons perdu

M aintz ioyeux paſſetemps:
L es roſſignolz gentilz
A yans leurs eufz eſclos,
O nt ia le goſier clos,
S ongneux de leurs petitz.

    Les fleurs d'odeur naïue
D es arbres ſont faillies:
R oſes de couleur uiue
S ont ia preſque cueillies:
C es fauſſes Bergerettes,
P ar les prez & boſquetz
P our faire leurs boucquetz,
O nt pillé les fleurettes.

    Sus doncq',allons,a coup,
C e peu de temps durant,
C e nous ſera beaucoup
D'auoir leur demeurant:
L e grain eſt deu a ceux
Q ue diligence guide,
L a paille toute uide
E ſt pour les pareſſeux.

    M aintz plaiſirs ſans cela
S e monſtreront a nous,
N ous uerrons ça & la
L' herbe iuſqu'aux genoux:
C hardonnetz & Linotes,

Tourtres

T ourtres es hautz ormeaux,
T arins sus les rameaux
S onneront gayes notes.
  L a nous iugerons bien
D es fruitz de ceste annee,
E t pourrons uoir combien
M ontera la uinee:
C ar au dit de tous hommes,
C e qui est en la grape
E st force qu'il eschape,
V eu le temps ou nous sommes.
  Nous uerrons es uergers
F ruitz uerdeletz sans nombre:
D'autre part les Bergers
S e reposer en l'ombre:
E t les Chëures barbues
L es buißons brouteront,
L es Cheureaux sauteront
E s præries herbues.
  Nous uerrons le ruißeau
E s prez faisant son tour,
A uec maint arbrißeau
Planté tout alentour:
M ais tant soit clair & soef,
S i n'en beurons nous point,
D e bon uin mieux appoint

K

E stancherons la soif.
  V ne bouteille pleine
D e ce bon uin bourg'ois
N ous ostera de peine
E n ces lieux uillag'ois:
A utrement que seroit ce?
L e gendarme endurci
N'a eu aucun merci
D e bourg ny de paroisse.
  L e rauage sans regle
A desfonsé les muiz,
O rge fourment & segle
L eur ont esté destruiz:
P ortons doncq' des poulletz,
E t quelque gras iambon,
P our trouuer le uin bon
D edens les gobeletz.
  Ce temps d'estrange sorte
B ien doit estre tenu,
P uis qu'aux champs on reporte
C e qui en est uenu:
I adis, tout au rebours,
L aboureurs florißoient,
A llors qu'ilz fournißoient
L a uille & les forbours.
  O r le temps reuiendra

En despit

E n deſpit de rigueur,
Q u'aux champs on ſe tiendra
E n ioye & en uigueur:
N ous y ferons ſeiour
L ors ſans melancholie,
M ais ores c'eſt follie
D'y eſtre plus d'un iour.

Le Chant du deſeſperé

O la male heure ou ie fu né !
O que ie ſuis infortuné !
I e me ſens odieux
A ux hommes & aux Dieux.
   Ie ne puis plaire a mes amis,
N y deſplaire a mes ennemis:
M es ſouhaitz tant diuers
S' en uont tous a l'enuers.
   Mon amy uſe d'inſolence,
M on ennemy de uiolence:
Q ui ueut m'aider ne peut,
E t ſi me nuit qui ueut.
   Mon corps ſe conſume, & ſe ronge,
M on eſperit trauaille & ſonge:
E ndurer ie ne puis
D'eſtre ce que ie ſuis.

L'esprit n'est iamais a son gré,
Qu'il ne monte a plus haut degré:
M ais tant plus il espere,
E t tant moins il prospere.
  O que le Ciel ne me fit estre
L e filz d'un bonhomme champestre!
T oute chose i'eusse eue
A ußi tost que conceue.
    D'auoir des biens ne m'eust chalu,
s inon ce qu'il m'en eust fallu,
E t i'euße de petit
C ontenté l'appetit.
    I'euße tousiours eu ce bon heur
D e uiure en paix sans deshonneur,
I ouir entre les miens
S eurement de mes biens:
    Ou que ie ne fu heritier
D e quelque autre homme de mestier,
A yant continuel
L e trauail manuel.
    I'euße eu ma pensee assouuie,
Q ui iamais n'eust esté rauie
A uaincre l'inuincible,
N'a faire l'impoßible.
    I'euße mon mestier exercé,
E t ans enuie conuersé

S ans tristesse n'esmoy,
A mis pareilz a moy.
   Mais de uiure il m'est necessaire
A upres de mon propre aduersaire:
M on mal est son grand bien,
S on bien est le mal mien.
   Le pis est de uoir & congnoistre
B on gré mal gré mon malheur croistre:
L as combien gaigné i'eusse,
S' au berseau mort ie fusse!
   O tresennuyeux desconfort,
Q ui mon cueur tormentez si fort,
C essez malheurs, cessez,
O u mourir me laissez.
   Il est temps que prouue ie face
S i la mort les ennuiz efface:
O ste moy hors d'icy,
O mort, s'il est ainsi.
   Mais ie cesse de me douloir,
A ttendant des Cieux le uouloir:
C ar tant plus ie lamente,
E t plus mon mal s'augmente.

A VN SIEN AMY, Contre un médisant.

T ous les escriz iniurieux
Q ue t'a transmis un furieux

N e meritent response:

T outesfois seulement pour rire,

T u luy peux quelque chose escrire,

D igne de sa semonce.

   S ouhaitte que le sens luy faille,

Q ue son sauoir rien ne luy uaille

N y en ditz ni en faitz:

S' il s'entremet de quelque affaire,

I amais ne le puisse parfaire,

M ais tombe soubz le fais.

   E n mille lieux son penser mette,

F aueur, Amour, biens se promette

A part en son courage:

P uis tout soudain a soy reuiene,

E t si desesperé se tiene,

Q u'il en creue de rage.

   Qu'il se peigne en son cerueau creux

S age, riche, sauant & preux

B raue, & plein de uertu:

V euille fraper, mordre, tuer:

M ais quand uiendra aux coups ruer,

S oit le premier batu.

   Perde tout le bien qu'il possede,

R ien qu'a rebours ne luy succede,

Q uoy qu'il puisse esperer:

E n ses amis poiat ne se fie,

Tous ceux aufquelz il porte enuie
Il uoye profperer.
  De tous empruntz quil pourra faire,
Soit a tous coups pour fatiffaire
A iourné ou cité:
Si quelcun uient a luy deuoir,
Iamais n'en puiffe rien auoir
A fa neceßité.
  De proces iamais il ne forte,
Mais maugré luy en quelque forte,
De l'un en l'autre tombe:
Et puis ayant bien attendu,
Tout fon temps & bien defpendu,
A la fin il fuccombe.
  Qu'il ait quand il ira par uoye,
Toufiours la pluye, ou fe foruoye,
Courant toute la courfe,
Sans que nul le chemin luy monftre:
Et au foir le brigant rencontre,
Qui luy ofte la bourfe.
  Homme n'y ait qui le racueille,
Ou quiconque loger le ueuille,
N'entende fon langage:
Le lendemain tout mal traitté,
De fon hofte foit arrefté,
S'il ne luy laiffe gage.

Et puis apres longue saison,
E n entrant dedens sa maison,
Y trouue le sergent:
P etitz enfans mourans de fain,
E n la huche morseau de pain,
A u coffre point d'argent.

    Femme qui luy cacquette & grongne,
V alet larron, ioueur, yurongne,
M ensonger & superbe:
F oyer obscur & enfumé,
A uec un pot mal escumé,
s ans sel, saueur ny herbe.

    S aille coucher, mal a son aise
A upres dune femme punaise,
Q ue peu ou point ne dorme:
D e ses songes tous les plus beaux
S oient tenebres, prisons, corbeaux,
E t toute chose enorme.

    s' il fait quelque aggreable songe,
Q u'il se conuertisse en mensonge,
E t ce bien brieuement:
E t s'il en fait d'espouentables,
Q u'ilz se treuuent tous ueritables
C onsecutiuement.

    E n esté ne trouue point d'ombre,
L es mousches luy facent encombre,

De chaud & de soif meure:
Puis quant l'hyuer sera uenu,
A la gelee pauure & nu
En la Beausse demeure.
   De iour, soit qu'il entre ou qu'il sorte,
Se heurte la teste a la porte,
Souz merci de barbier:
La nuit il trouue pour embusche
Vne charrette ou une busche,
Ou tombe en un bourbier.
   S'il est a l'amour addonné,
Des Dames il soit blasonné,
Sans qu'il s'en apperçoiue:
D'une uieille de laideur pleine,
Encor' que ce soit a grand' peine,
Son passetemps reçoiue.
   Si pour iouer se met en bende,
De son bien tant il y despende
Qu'il n'en demeure plus:
S'il a uint & un & demy,
A uiene que son ennemy
Rencontre un petit flus.
   En pauureté puisse uieillir,
La fiéure le uiene accueuillir,
Ne meure ne guerisse:
Ne trouue point de meilleur lieu,

u'un eſtable ou un Hoſtel dieu,
uand faudra qu'il periſſe.
  O u pour un larcin ou forfait,
E ncores qu'il ne l'ait pas fait,
E n priſon ſoit trainé:
L a ou ayant long temps ueſcu,
A la fin il ſoit conuaincu,
E t au gibet mené.
  T out cela ſeras ſouhaittant
A celuy la qui te hait tant,
E t qui te fait la guerre:
O u ſi ton ſouhait trop le griëue,
M eure de mort ſubite & briene
E n eau, feu, air, ou terre.

A ceulx qui blament les Mathematiques.

  T ant plus ie uoy que uous blamez
S i noble diſcipline,
P lus a l'aimer uous enflammez
M a uolonté encline:
  C ar ce qui a moins de ſuiuans
D'autant plus eſt il rare,
E t eſt la choſe entre uiuans
D ont on eſt plus auare.
  I l n'eſt pas en uoſtre puiſſance
Q u'y ſoyez addonnez:

C ar le Ciel des uoſtre naiſſance
V ous en a deſtournez:
   O u ayans perſuaſion
Q ue tant la peine en couſte,
E ſt la meilleure occaſion
Q ui tant uous en degouſte.
   L e Ciel orné de telz flambeaux
N eſt il point admirable?
L a notice de corps ſi beaux
N'eſt elle deſirable?
   D u celeſte ouurage l'obget
s i uray & regulier,
N'eſt il ſus tout autre ſuget
B eau, noble, & ſingulier?
   N'eſt ce rien d'auoir peu preuoir
P ar les cours ordinaires
L'Eclipſe que doit receuoir
L'un des deux Luminaires?
   D'auoir ſeu par urayes pratticques
L es aſpectz calculer?
E t congnoiſtre les Erraticques
M archer ou reculler?
   Touteffois il n'eſt ia beſoing
Q ue tant fort ie la loue,
V eu que ie n'ay uouloir ny ſoing
Q ue de ce lon m'auoue:

Car que chaut il a qui l'honore
Qu'elle ſoit contennee?
Science de cil qui l'ignore
Eſt touſiours condannee.

Aſſez regarde l'indocte homme
Du Ciel rond la ceinture,
Mais il s'y congnoit ainſi comme
L'aueugle en la peinture.

Celuy qui a l'ame rauie
Par les Cieux ua & paſſe,
Et ſouuent uoit durant ſa uie
D'enhault la terre baſſe.

Ceſte ſcience l'homme éueille
A lors qu'il imagine
La facture & grande merueille
De la ronde machine.

C'eſt celle par qui mieux s'appreuue
L'immenſe Deité,
Et qui des Athees repreuue
L'erreur & uanité.

DES GRANS chaleurs de

l'annee 1 5 4 7.

L'Humeur de terre eſt conſumee,
Les champs ſont fenduz & ouuers,
Et la liqueur du chaud humee

Lai e

L aiſſe les poiſſons découuers:
L es Naiades craintiues
A Phebus ſe marriſſent
Que des fontaines uiues
L es ſources ſe tariſſent.
    Phebus auteur de medecine,
Q ui toutes choſes doiz nourrir,
T u grilles iuſqu' a la racine
L es plantes preſtes a mourir:
O r maintenant croit on
Q u'as mis ton Char es mains
D'un autre Phäeton,
P our bruller les humains.
    Tes cheuaux de leur uoye oblicque
S e ſemblent eſtre détournez,
E t eſtre ſortiz du Tropicque,
O u leurs paſſages ſont bournez:
O u tu es deuallé
E n la derniere ſphere,
P our rendre ainſi hallé
N oſtre bas hemiſphere.
    S i nous te ſommes odieux,
E t contre nous ueux conſpirer,
P ourquoy ueux tu auſſi les Dieux
E t les Deeſſes martirer?
M aint fleuue en ua plaignant,

B acchus encores pis,
D es seps la mort craignant,
E t Ceres des espiz.
  I unon de l'Air haute princesse,
E nuoye nous ta messagere,
Q ui a ces ardeurs donne cesse,
E n attirant pluye legere:
E t affin que mieux pleuues,
D e Neptune il fault prendre
L es humeurs, & des Fleuues,
P our au double les rendre.

ODE DE PIERRE DE RONSART
a Iacques Peletier, Des beautez qu'il
uoudroit en s'Amie.

Q uand ie seroy' si heureux de choisir
M aistresse selon mon desir,
S aiz tu quelle ie la prendroye,
E t a qui suget me rendroye,
P our la seruir, constant, a son plaisir?
  L'age non meur, mais uerdelet encore:
C'est celuy seul qui me deuore
L e cueur d'impatience atteint:
N oir ie ueux l'œil, & brun le teint,
B ien que l'œil uerd le François tant adore.

I'aime la bouche imitante la rose
A u lent Soleil de May desclose:
V n petit Tetin nouuelet,
Q ui se fait desia rondelet,
E t s'esleuer dessus l'Albastre s'ose.

L a taille droitte, a la beauté pareille,
E t dessouz la coeffe une oreille
Q ui toute se monstre dehors:
E n cent façons les cheueux tors:
L a ioue egalle a l'Aurore uermeille.

L'estomac plain, la iambe longue & grelle,
D'autant que moins sembleroit elle
A celles qui l'ont uolontiers
P lus grosse qu'il ne faut d'un tiers:
L e flant haussé, la cuisse ronde & belle.

L a dent d'Iuoire, odorante l'aleine,
A qui s'egalleroient a peine
T outes les fleurs de la Sabee,
O u toute l'odeur desrobee
Q ue l'Inde riche heureusement ameine.

L'esprit naif, & naiue la grace:
L a main lasciue, ou qu'elle embrasse
L'amy en son giron couché,
O u que son Luc en soit touché,
E t une uoix qui mesme son Luc passe.

Qu' el' ſeuſt par cueur tout cela qu'a chanté
Petrarcque en Amours tant uenté,
Ou la Roſe par Meun décritte:
Et contre les femmes deſpite
Auecques qui ieune i'auroy' hanté.

Quand au maintien, inconſtant & uolage,
Follatre, & digne de tel age:
Le regard errant ça & la,
Et une douſſeur ſus cela
Qui plus cent fois que la beauté ſoulage.

Ie ne uoudroye auoir en ma puiſſance
A tous coups d'elle iouiſſance:
Souuent le nier un petit
En amour donne l'appetit,
Et donne encor' la longue obeiſſance.

Quand eſt de moy, ie ne uoudroy' changer
Femme telle a l'or eſtranger,
N y a tout cela qui arriue
De l'Orient en noſtre riue,
N y a la Lote heureux fruit a manger.

Lors que ſa bouche a me baiſer tendroit,
Ou que tendre ne la uoudroit,
Feignant la cruelle faſchee:
Ou quand en quelque coing cachee,
A l'impourueu accoller me uiendroit.

RESPONSE PAR PELETIER,

Des beautez & accomplissemens
d'un Amant.

E N contemplant ceste ieune femelle,
S a grace, sa ronde mammelle,
E lle me semble estre marrie
S i bien tost on ne la marie
A un Amy aussi gentil comme elle.

   E t en cela si mon esprit ne faut,
I e say bien quel il le luy faut:
E t puis ell' est si bien apprise,
Q u'impossible est qu'elle ne prise
V n tel present, y eust il du defaut.

   I e ueux qu'au plus de dix ans il la passe,
S tature ny haute ny basse:
L e grand est suget au mocqueur,
E t le petit n'a que le cueur:
L e seul moyen toutes choses compasse.

   Les deux yeux noirs souz deux arcs noirs assis,
N y trop felons ny trop lascifz:
L arge front, nez de long pourtrait:
B ouche bien close a petit trait:
Membres nerueux, bien charnuz & massifz.

   Teste & menton de noire cheuelure,
L a ou n'y ait rien de mellure:
C ol musculeux & large dos:

L

Cuisse de chair remplie & d'os:
Iambe uidee, & mesuree allure.
  Ie ne luy ueux la chere si iolie,
Qu'il n'ait rien de melancholie:
Vne sage simplicité,
Auecques dousse grauité:
Trop grande ioye est trop tost abolie.
  De ta beauté ie ne puis tout ensemble
Bien declairer ce qu'il m'en semble:
Mais ie le ueux de telle monstre,
Que de la premiere rencontre
Les cueurs de tous par douse force il emble:
  Aux armes soit hardi & bienheuré,
A cheual droit & asseuré:
Soit terrible aux audacieux,
Et aux humbles soit gracieux:
Cueur de mesure en corps bien mesuré.
  Ie ueux qu'aussi Nature l'ait fait naistre
A tous exercices addestre:
Car les Dames plus hardiment
Iugent au plaisant maniment
Combien ailleurs habile il pourroit estre.
  En la Musicque il pregne passetemps,
Pour faire deux espritz contens:
Qu'il sache toucher l'Epinette
Auec le Luc de sa Brunette

                              D'un

D'un bon accord, gardant mesure & temps.

    Pour son maintien & son parler exquis,
Il soit des plus belles requis:
Affin que par leur grand' attente
Face sa Dame plus contente
De ce qui est a elle seule acquis.

    De ialousie oncq' n'ait esté uaincu,
Tant qu'auec elle aura uescu:
Lors elle sera sans excuse,
Si parauenture on l'accuse
Que quelque fois elle l'ait fait cocu.

        A une Dame.

    DV DIEV d'Amours ie n'escri point
Que tout chacun ua honorant,
Non pas que ie soye ignorant
Quel il est & comment il point.
    Ie say que droit au cueur il frape,
Ie say qu'il uise droit sans yeux,
Ie say que des hommes & Dieux
Il n'est celuy qui en eschape.
    Ie say qu'il est agile & uite,
Ie say qu'il met guerre entre deux,
Dont souuent ne blesse qu'un d'eux,
Et qu'il suit celuy qui l'euite.

                        L ij

VERS LYRIQVES.

Mais ie uoy que de tous noz criz
Les Dames ne se font que rire:
Doncques que pourront elles dire
De noz plumes & noz escriz?
    Que me sert que ie pleure & crie
Lors que ie suis de uous absent?
Et que mon esprit rien ne sent
Du fruit que par escrit ie prie.
    Que si en presence s'allume
Mon feu caché aucunesfois,
Les yeux, le uisage & la uoix
Le tesmoignent mieux que la plume.
    Si uous traittiez ma loyauté
Misericordieusement,
Alors melodieusement
Ie chanteroy' uostre beauté:
    Mais si tousiours uous m'estes dure,
Mieux uaut beaucoup que ie le cache,
Que de par moy tout chacun sache
La peine que pour uous i'endure.

A VN POETE QVI
n'escriuoit qu'en Latin.

I'escri en langue maternelle,
Et tasche a la mettre en ualeur:

Affin

A ffin de la rendre eternelle,
C omme les uieux ont fait la leur:
E t soutien que c'est grand malheur
Q ue son propre bien mespriser
P our l'autruy tant fauoriser.

  S i les Grecz sont si fort fameux,
S i les Latins sont aussi telz,
P ourquoy ne faisons nous cóme eux,
P our estre comme eux immortelz?
T oy qui si fort exercé t'es,
E t qui en Latin escriz tant,
Q u'es tu sinon qu'un imitant?

  Croiz tu que ton Poeme approche
D e ce que Virgile escriuoit?
C ertes non pas (tout sans reproche)
D u moindre qui du temps uiuoit.
M ais le François est seul qui uoit
C e que i'escri: & si demeure
E n la France, or i'ay peur qu'il meure.

  I e respons, quoy que tu escriues
P our l'enuoyer en lointains lieux,
S ans ce que les tiens tu en priues,
O n pense tousiours que des uieux
L e style uaut encores mieux:
P uis nostre langue n'est si lourde,
Q ue bien hault elle ne se sourde.

VERS LYRIQVES.

Long temps y a qu'elle est congnue
En Italie & en Espagne,
Et est desia la bien uenue
En Angleterre & Allemaigne:
Puis si en l'honneur on se baigne,
Mieux uault estre icy des meilleurs,
Que des mediocres ailleurs.

Or pource qu'es Latins & Grecz
Les ars sont reduiz & compris,
Auec les Naturelz segretz,
C'est bien raison qu'ilz soient appris:
Mais comme d'un riche pourpris,
Tout le meilleur il en faut prendre,
Pour en nostre langue le rendre:

La ou tout peut estre traitté,
Pourueu que bien tu te disposes:
S'il y a de la pauureté,
Qui garde que tu ne composes
Noueaux motz aux nouelleschoses?
Si mesme a l'exemple te mires
De ceulx la que tant tu admires?

A la Royne de Nauarre.

IE NE uous ose en mes escritz coucher:
Car quãd ie ueux uoz louãges toucher,

T ant plus ie ueux, moins ie puis approcher
D e uoſtre grand merite.

    Lors que ie metz la Prudence en lumiere,
L a Chaſteté ueut marcher la premiere:
P uis la Conſtance en douſſeur couſtumiere,
V eut dauant eſtre ecritte.

    E t quand ma Muſe addreſſe ſes appreſtz
P our les reduire ou dauant ou apres,
S e trouue loing de ce qui eſt plus pres,
E t au moins de ſon plus.

    I ncontinent qu'a dire elle commence,
E nuelopee en ſi pleine ſemence,
S e refroidit, en ſa grand' uehemence
D'acheuer le ſurplus.

    Brief, ne pouant en ſi grand' eau nouer,
N e ſauroit mieux uoz grand's ualeurs louer
F ors en uenant l'impuiſſance auouer,
E t ſe tient a ſon moins.

    M ais uoz eſcritz d'une armonie extreſme,
P ar qui uaincriez Pindare le ſupreſme
M ieux qu'oncq' Corinne, en ſeront par uous meſme
L a trompette & teſmoins.

AV ROY.

CONGRATVLATION SVR LE
nouueau regne de Henry deuziesme
de ce nom.

F R A N C E *qui as de tes yeux abbaissez*
P *ar cy dauant tant de ruisseaux fait croistre,*
C *esse tes pleurs, tes malheurs sont cessez*
P *ar un grand heur qui te uient d'apparoistre:*
M *ais en pleurant tu ne le peux congnoistre:*
C *ar ce qui a ioyeux commencement,*
E *t qui promet ioyeux auancement,*
N *e se doit point qu'en ioye apperceuoir:*
T *on bien est tel, qu'un triste pensement*
N *e le pourroit iuger ny conceuoir.*

   P *ren le loysir a ton aise, de uoir*
T *on nouueau Roy, ton nouueau gouuerneur,*
A *uquel feras par un loyal deuoir*
P *remierement reuerence & honneur:*
P *uis tu sauras partie de ton heur.*
T *u as un Roy de ton sang procedé,*
E *t filz d'un Roy nagueres decedé,*
A *pres t'auoir gouuernee long temps:*
V *n filz qui est au pere succedé,*
P *our faire a coup tous ses subgetz contens.*

   D *eux freres siens sont mors des leur Printemps,*
C *hacun desquelz bien pouoit estre tien:*
C *e sont segretz diuins: mais tu entens*

Que

Que ſans raiſon les hautz Cieux ne font rien.
Ilz les auoient enuoyez pour ton bien,
Tous trois eſtans filz d'un Roy & d'un pere,
Tous trois ayans ce qu'il faut qu'on eſpere
D'enfans Royaux.Si eſt ce, affin que d'eux
La uolonté immuable t'appere,
L'un t'ont laiſſé,& t'ont oſté les deux.
   Ce n'eſt doncq' point par un ſort hazardeux,
Que de Henry tu as eu iouiſſance,
Le ueuil celeſte a eſté l'entredeux
Qui a Fortune a oſté la puiſſance:
Le iour fatal auquel il print naiſſance
De Iuppiter ſon nom heureux tenant,
Qu'eſtoit Phebus en ſon Mouton regnant,
Au nombre d'ans de uingt huit parfait,
Vn meſme nom,ordre & mois reprenant,
Regner Henri,France renaiſtre a fait.
   L'hyuer finy,l'an qui neuf ſe refait,
Le temps monſtrant plus gracieux uiſage,
Prez,blez,bourg'ons & oyſeaux,en effet,
Donnent par tout de ioye le preſage,
Nous promettans encor' meilleur uſage
A l'auenir,des trois autres ſaiſons.
O bel accord des occultes raiſons
A celles la,qu'euidence nous donne!
Doncq' a bon droit grand'feſte nous faiſons,

AV ROY.

P uis que le Ciel & la Terre l'ordonne.

    I l a atteint pour prendre une couronne

L' age qui est a regner plus decent,

L ors que le corps qui l'esprit enuironne

P lus uigoreux & addestre se sent,

E t s'au dehors le dedens se consent

P ar les communs & naturelz accors,

V ertu d'esprit iointe a celle du corps

S i fort requise a si hautain affaire,

F ait qu'il saura, estant d'elle recors,

B ien commander, & encores mieux faire.

    Le Ciel, Nature & le Temps pour parfaire,

De tous ses pointz nostre felicité,

Y ont uoulu a loisir satiffaire

Nous le donnant sage & exercité,

P ar le moyen de la diuersité

D'euenemens qu'il a ueuz loing & pres:

A insi uoit on que par les longs apprestz

L es choses ont bonne & longue duree,

E t les plaisirs qui tardent, sont apres

F uir plus loing la tristesse enduree.

    O noble Roy, ta France bienheuree

D esmaintenant entre tes bras se gette,

E t si se tient certaine & asseuree

Q u'estre ne peut a meilleur Roy sugette,

Ne s'estimant de sa part si abgette,

                   Qu'egalemét

Qu'egalement priſer tu ne la doyues:
P uis te requiert que d'elle tu conçoyues
O pinion entiere en tous endroiz,
S i ne faudra que d'autres tu reçoyues
P our ſoutenir ta puiſſance & tes droiz.

   Les Roys premiers gouuerneurs des François
Les ont fait uiure, & en honneur florir:
M ais nous croyons que donné tu nous ſois
P our nous garder de languir & mourir:
L e temps peruers nous a fait encourir
T ant de malheurs, affin que plus de fruit
I l nous en uiene, & a toy plus grand bruit,
E t a Dieu plus de graces & de gloire,
L ors que ſera bien reglé & inſtruit
C e qu'auant toy on ne pouoit pas croire.

   Or Dieu te doint des ennemis uictoire
P ar force moins que par douſſe amitié,
B iens plantureux par tout ton territoire,
A ider uertu, reprimer mauuaitié,
E ntremeſler iuſtice auec pitié:
P uis ſi tu es contreint de faire guerre,
Q ue le tout ſoit pour briëue paix acquerre:
T enir cent ans ton peuple ſans ſouffrance:
E ſtre ſeigneur ſeul de toute la terre,
D ont tu es digne auſſi bien que de France.

EPIGRAMMES.

AVCVNS EPIGRAMMES
dudit Autheur.

A ma Dame Marguerite.

S'IL s'en trouuoit une qui eust la grace
Telle que uous, tel esprit, tel sauoir,
Et ne fust ellꞓ encor' de telle race,
On la diroit grand Princeſſꞓ a la uoir:
Quel iugement de uous doit on auoir?
S'il y auoit ça bas Deſſꞓ aucune,
Vous a bon droit en euſsiez esté l'une:
Mais puis qu'en terrꞓ il ny en a de telle,
En terrꞓ aurez l'honneur par sus chacune,
En attendant d'estre au Ciel immortelle.

Blason du Cueur.

Cueur gracieux, cueur loyal & benin
Sis au milieu du gent corps feminin,
Cueur amoureux ennemy de rigueur,
Cueur qui maintiens le mien en sa uigueur:
Cueur qui uouluz a mon bien consentir,
Cueur qui gardas la langue de mentir,
Quand elle dit, O amy languiſſant,
Du bien d'Amours tu seras iouiſſant.
Cueur, noble cueur, gentil cueur de la belle,
Cueur franc & net, cueur mien, & nõ pas d'elle:

Mien

M ien ie te di, & ay bien ce credit:
C ar tu es mien, puis qu'elle me l'a dit.
C ueur qui faiz bien guerdonner quand il faut,
E t ton Amour donner a qui le uaut:
C ueur qui ne peux aßigner ton defir
E n quelque lieu, s'il n'eft a ton plaifir:
C ueur qui ne peux departir l'amitié,
S ans empirer le tout & la moitié:
C ueur qui faiz bien congnoiftre par compas
C eluy qui t'aime, & qui ne t'aime pas:
T u es celuy duquel plaindre ne s'ofe
C eluy qui t'a, bien qu'il n'ayt autre chofe.
C ueur en Amour fi propre & fi docile,
Q ue Cupido y fait fon domicile:
C ueur qui contreins la langue de parler,
L es yeux de uoir, & les deux piez d'aller:
C ueur duquel eft fi grande la puiffance,
Q ue tout le corps te doit obeiffance,
C ommande luy, puis qu'ainfi le peux bien,
F aire toufiours ton uouloir & le mien.
C ueur par lequel le feu en moy s'allume,
T ant qu'il me fait de la main choir la plume,
P uis que tu m'as a toy fi fort lié,
I amais de moy ne feras oublié.

Estreines a une Dame, d'efcuz en peinture.

EPIGRAMMES.

MIL escuz d'or a la couronne
Pour uoz estreines ie uous donne:
Du pois ie n'en suis pas trop seur:
Car ilz n'ont pas grand' espaisseur:
Mais ie uous iure par saint G'orge,
Qu'ilz sont tous uenans de la forge:
Et si n'en ay point de meilleurs,
Sinon qu'ilz me uienent d'ailleurs:
Mais toutesfois,quoy qu'il en aille,
Vous sauez bien qui les uous baille.

Dizain pour un baiser.

IE l'ay promis,il faut que ie le tiené,
Et n'ay point peur que matiere me faille:
De me payer ce pendant uous souuiene:
Car en baillant ie ueux que lon me baille:
Ie payeray tout contant,ne uous chaille:
Ne pensez point que soye mensonger:
Mais laißez moy encor' un peu songer,
Et uous uerrez que mon cas ira bien,
Si ie le puis d'un seul uers allonger:
Ca baisez moy,il ne s'en faut plus rien.

Huittain.

PVIS qu'il uous plaist de moy estre seruie,
Et de mon cueur l'amitié receuoir,

Maugré

M augré rapport qui a sus moy enuie,
D e bien aimer ie feray mon deuoir:
E t uous außi faittes moy aßauoir
Q ue le defir que uous auez, n'eſt moindre:
C ar urayẽ amour qui ne peut deceuoir,
D oit deux Amans egalement conioindre.

Autre Huittain.

T O V S les malheurs que i'ay pour l'amour d'elle
D e la laiſſer ne me ſauroient contreindre:
C ar mon defir, en la uoyant fi belle,
R eprend uigueur quãd il fe ueut eſteindre:
D u dieu d'Amours feulement me ueux plaindre,
Q ui fouffre & ueut qu'un Amant couuoiteux
T ouſiours pretendẽ ou il ne peut atteindre:
V oyla pourquoy mon cueur eſt deſpiteux.

Autre Huittain.

P A R D O N N E Z moy fi ie me fuis meſpris
V ous defcouurant de mon cueur la penfee:
L e faux femblant de uoz yeux m'a furpris,
D ont mon amour eſt mal recompenfee:
De la rigueur uous eſtes difpenfee:
M ais fi fault il congnoiſtre uerité,
Q ue ne uous ay grandement offenfee
E n demandant ce qu'auoy' merité.

LE CONTREBLASON
du Cueur.

CVEVR desloyal, ennemy de pitié,
Cueur qui dedens nourriz inimitié,
Cueur qui tranſmetz a la langue le miel,
Et qui retiens pour ta part tout le fiel.
Cueur reforgé ſus l'infernalle enclume,
Et retrempé en ſtygialle eſcume.
Cueur traitre & feint, qui guettes & deçoiz
Celuy duquel plus de bien tu reçoiz.
Cueur uariable & leger, qui depars
Ton faux uouloir en plus de mille pars.
Cueur pris du cueur de rochers tous maſſifz,
Pour de trauers eſtre en ce corps aſſis.
Cueur qui le corps enlaidiz & empires,
Qui faitz les yeux rire quand tu ſouſpires:
Cueur qui d'enuie & chagrin te repais,
Et qui ne peux ſouffrir qu'on uiue en paix.
Cueur malheureux qui de ioye ſautelles
Quant tu peux mettre a effet tes cautelles,
Et toy qui es de matiere ſi dure,
Qu'eſtre entamee en nulle part n'endure,
Si peux tu bien de deſpit te creuer,
Quant tu ne peux ton propre amy greuer.
Cueur, digne cueur d'une telle femelle,
Et d'eſtre aſſis ſoubz ſi laide mamelle:

Cueur

Cueur detestable,ingrat,plein de uenin,
Qui fais uergongne a l'honneur feminin:
Mais tu es cueur si uillain & infame,
Que tu n'es point,ce croy ie,d'une femme,
Ainçois le cueur d'une enragee Louue,
Propre & tout fait pour cellela qui couue
Souz son aisselle une pleine pochee
De tetins pris d'une Cheure escorchee.
Te plaist il bien,Marot, en ceste forme?
Pourrois tu bien faire un cueur plus enorme?

A un Poete escriuant obscurement.

Tes uers obscurs donnent a maintz espriz
En les lisant,fascherie & torment:
Pource qu'on croit que tu les as escriz
Pour parapres y faire le comment,
Ou bien affin,& ie ne say s'on ment,
Qu'en eux ne soit ta pensee choisie:
Or s'il y a fruit en ta Poesie,
On le deust lire a clair sans commentaire:
Mais si tu ueux cacher ta fantaisie,
Il ne faudroit seulement que te taire.

A celuy qui porte constamment sa fortune.

Tu as uaincu celle par ta constance
Qui les humains bat,domine & degette,

M

EPIGRAMMES.

E t as monstré par ferme resistance,
Que Fortune est a Fortune sugette.
  O sotz humains, o nation abgette,
S i desormais a elle uous rendez!
C'est une femme, ayant les yeux bendez,
Qui en uoulant liurer ses durs allarmes
A ce uieillard que bien uous entendez,
Y a perdu & le camp & les armes.

De la Royne de France,
parlant a Italie.

P A R ton moyen, est heureuse & ioyeuse
F rance, qui a Royne de toy extraitte:
M ais si tu es dessus ell' enuieuse
P our deuers soy ta fille auoir distraitte,
Contente toy d'un offre qu'on te traitte:
P ren la pour Royne, & auec nous t'allie,
A ffin que soit de France & d'Italie
V n seul Royaume, une Royne, & un Roy:
E t que ce neu etroittement la lie,
P our demeurer presente auecques toy.

De Madame la grand' seneschalle.

N E uente plus, o Romme, ta Lucrece,
C essez, Thebains, pour Corinne combatre:

Taire

T aire te faut de Penelopɇ,o Grece,
E ncores moins pour Heleine debatre,
E t toy Egyptɇ, oſte ta Cleopatre:
L a France ſeulɇ a tout cela & mieux,
E n quoy Dianɇ a l'un des plus beaux lieux,
S oit en uertu,beauté,faueur,& race:
C ar ſi cela elle n'auoit des Cieux,
D'un ſi grand Roy n'euſt merité la grace.

D u deuil de Madame Marguerite.

F I L L E de Roy,fille qui fais renaiſtre
L e perɇ en meurs,eſprit,gracɇ & hauteſſe.
Q u'eſt il beſoing que pour luy doiues eſtre
S i longuement en habit de triſteſſe?
N e te deux plus,ſouueraine Princeſſe,
V eux tu porter de toymeſme le deuil?
A ttens le iour que le celeſte ueuil,
A pres cent ans,auec luy te raſſemble:
A lors eſtant ton corps ſouz le cercueil,
V n deuil ſera de toy & luy enſemble.

Au reuerendiſſime Cardinal Dubellay.

L E C L A I R Soleil aux eſtoilles depart
D e ſa ſplendeur,ſans qu'ell' en diminue:
M aint beau ruiſſeau d'une fontaine part,
S ans que la ſourcɇ en rien diſcontinue:

M ij

EPIGRAMMES.

S us ceſt égard ma uoye i'ay tenue

V ers uous, auquel les lettrez ont recours,

P our impetrer faueur, gracé, & ſecours:

A ffin qu'un iour ie uous nommé a uoix claire

L a ſource uiué ou commence mon cours,

E t le ſoleil qui a ma nuit eſclaire.

A monſieur Caſtellanus.

T V A S eſté treſaggreablé au pere:

T u es au filz, apres luy, encor' cher:

E ſtce faueur de Fortune proſpere

Q ui de deux Roys t'a peu fairé approcher?

O n ne ſauroit cela te reprocher:

C'eſt la uertu coniointé au grand ſauoir,

Q ui ce credit & bien t'a fait auoir,

E t t'a rendu digne d'y paruenir:

E t par cela il eſt aiſé a uoir,

Q ue tu es fait pour Roys entretenir.

Epitaphe de feu meſſire Guillaume Dubellay ſeigneur de Langé.

C E S T homme grand repoſé en lieu petit,

Q ui fut ſans fin pour France trauaillant,

L e plus lettré qui oncq' armes ueſtit,

E t des lettrez le plus fort & uaillant:

S on uif eſprit pour François bataillant

Vainqu

V ainquit Fortune,en camp clos de uertu,
T ant que la mort du corps l'a defuestu,
F aisant a tous,fors a luy seul,ennuy:
L as c'est Langé,passant,l'ignores tu?
T elles ualeurs oncq' ne furent qu'en luy.

Epitaphe de François de Vallois
Roy de France premier de ce nom.

C E riche marbre en peu d'espace serre
L e Roy François des François gouuerneur,
P remier du nom en France,& seul en terre
D e maiesté & de royal honneur:
L e Ciel qui fut de ses graces donneur,
V oyant que plus a nostre humanité
N'appartenoit si grand' felicité,
L'a retiré,n'en laissant que l'exemple
P rotrait au uif par l'Immortalité,
A ffin qu'en luy chacun Roy se contemple.

LES LOVANGES de la Court,
Contre la uie de repos.

L'homme de Court.

I A n'est besoing que mon sauoir i'employe,
E ncores moins que mes forces desploye,
P our soutenir par art ou par combat
C e qui uiuant ne me met en debat,

M i

F ors seulement le bonhomme des champs:
M ais ie congnoy ses coups si peu tranchans,
E t say qu'il est d'une telle foiblesse,
Q ue ie ne doy auoir peur qu'il me blesse.
E t parainsi l'ayant pour tel congnu,
C e m'est assez d'entrer en camp tout nu,
L aissant de l'art & des armes l'appuy,
P our maintenir mes ualeurs contre luy.
C ar tout premier,c'est chose seure,qu'en ce
S i ie uouloy' parler par eloquence,
Q ue i'ay tousiours iusques icy apprise,
E t qui est l'un des dons que plus ie prise,
I e luy feroyë a croirë en cest endroit,
S i i'auoy' tort,qu'encor' i'auroy' bon droit.
I e ne ueux doncq' de Rhetoricquë user
P our me deffendre,& moins pour l'accuser:
C ar quel honneur pourroy' ie bien acquerre,
E n apportant quelque baston en guerre,
Q ue l'ennemy n'est coustumier de prendre,
E t l'ayant pris ne s'en sauroit deffendre?
C e m'est assez pour prouuer par raison
Q u'entre nous deux n'y a comparaison,
Q u'il soit priué d'un si grand benefice,
D e ne sauoir parler par artifice:
E t quand sus luy ie n'auroyë autre chose,
E ncor' faut il,ainsi bien dire i'ose,

Qu'autant diuers presque lon nous repute
Comme est un homme & une beste brute:
Car si les motz, telz comme on les profere,
Font qu'en parlant des bestes on differe,
Le bien parlant autant differera
D'auec celuy qui mal proferera:
Mais de uouloir mettre en fait ou en prouue
Le don diuin qu'en eloquence on trouue,
Cela seroit un peu malauenant,
Son me uoyoit art par art soustenant.

    D'autre costé, en ce que ie recite,
Le maniment d'armes ne m'est licite:
Car ce seroit a mon honneur toucher,
Par sus lequel nul bien ne m'est plus cher.
Les armes sont honorables & belles,
Mais elles sont faittes pour les rebelles:
Et quand a moy i'en fay profeßion,
Non pour en faire aucune oppreßion
Aux simples gens qui n'y sont usitez:
Mais i'en deffens Royaumes & citez,
Les Iusticiers en leur entier ie tien,
L'Eglise simple en seureté maintien,
Par mon moyen traficquent les Marchans,
Les uillag'ois labourent en leurs champs:
Brief, tous estatz me sont maugré enuie
De tous leurs biens tenuz & de leur uie.

Voila pourquoy ie me feroye offenſe
De m'en aider contre gens ſans deffenſe.
Il me ſuffit que chacun ſache & uoye,
Qu'en tout le monde il n'eſt meilleure uoye
Pour apres mort faire l'homme uiuant,
Que d'eſtre icy le fait d'armes ſuyuant.
Il eſt bien uray que tout ua en oubli,
Sinon qu'il ſoit par eſcrit ennobli:
Si n'euſt eſté le Greg'ois eſcriuain,
Le preux Achille euſt trauaillé en uain:
E ne au ßi,quoy qu'il euſt merité,
Ne fuſt uenu a la poſterité,
Si de Maron la Muſe d'excellence
Ne l'euſt uengé de l'enuieux ſilence:
Mais les uertuz le premier reng poſſedent,
Et par apres les eſcritz en procedent.
Or qui ſeroit des Poeticques carmes
Plus haut ſuget & meilleur que les armes?
Qui pourroit mieux les eſcritz faire uiure,
Que de traitter les armes en ſon liure?
Les armes doncq' aux uers portent bon heur,
Et puis les uers aux armes font honneur:
Mais comme ſont faire & dire diuers,
Ainſi eſt il des armes & des uers.
Or i'aime autant tous ces propos laiſſer,
raignant plus toſt mon honneur rabaiſſer,

En devisant d'armes & de bataille,
Quand il n'y a personne qui m'assaille:
Ie congnoy bien auec qui i'ay affaire,
Ie say comment il luy faut satiffaire:
Les hautz propos, discretz & raisonnables
Ne sont icy pour les plus conuenables:
Ce ne seroyent que parolles perdues,
Qui ne seroyent du Rusticque entendues.
Voyla comment de mon droit ie luy cede
Deux pointz, par qui & luy & tous i'excede.
    Mais d'autre part il me fasche & me poise,
Veu qu'il n'eschet a moy rien qui ne poise,
Et que ie say tout œuure hautement,
Que soy' contreint parler petitement:
Il uaut doncq' mieux, en ensuiuant ma mode,
Que si ie puis, a tous ie m'accommode:
Gens d'esperit, de uertu & sauoir,
Qui pourront bien la congnoissance auoir
De mes propos, entr' eux en iugeront,
Et a bon droit ilz les corrigeront,
Si ie ne dy quelque chose qui sonne
Selon l'estat & prix de ma personne.
Il me faut doncq' contenter tout le monde,
Soit par raisons, soit par grace ou faconde:
Et premier ceux qui se disent pourueuz
D'esprit & sens, qui tant d'hommes ont ueuz,

T ant de pais & de diuerſes meurs,
Q u'ilz en ſont faitz,ce leur ſemble,tous meurs.
   Ilz uont diſant qu'en ceſte uie humaine,
Q uelque meſtier & eſtat qu'on demeine,
I l n'eſt rien tel que de uiure en repos:
I e trouueroi raiſon en leurs propos,
Q ui ſemblent uraiz plus de loing que de pres,
S i ce n'eſtoit qu'ilz diſent tout expres,
A utre repos en tout le monde n'eſtre
Q ue celuy la de la uie champeſtre:
E t au rebours que nul homme n'encourt
P lus grand trauail & malaiſe qu'en Court.
Premierement,ie dy que ceſt abus
D e mettre auant ſeulement ces deux butz:
C ar s'on uouloit bien peſer chacun d'eux,
O n y pourroit trouuer quelque entredeux.
N'eſt il poſſible un autre lieu choiſir,
Q ui de leur Champs ſurmonte le plaiſir?
E t d'en trouuer quelcun qui tant deſplaiſe,
Q ue de la Court ſurpaſſe le malaiſe?
V oire & encor' iaccorde & ie conſens,
Q ue le plaiſir ſe meſure a leur ſens.
N on:ilz diront finement alencontre,
Q u'en quelque lieu que plaiſir ſe rencontre,
I l ſe doit tout au champs attribuer,
Q ui ont pouoir de le diſtribuer:

S emblablement tout le mal qu'on soustient

A illeurs qu'en Court, seulement de Court uient:

M ais les ennuiz tant durs qui en despendent

P resque en tous lieux leur semence respandent:

I e uoudroy' bien sauoir, s'il est ainsi,

P ourquoy au Champs ne s'espandent aussi:

E t si les Champs sont si francs, d'estre exemps

D e tant de maux en tant de lieux presens.

    S i n'est ce la encor' que ie m'arreste:

C ar de donner iusqu'au fons ie m'appreste:

P uis que ie uoy le grand chemin tout droit,

I e ne ueux point tourner par autre endroit

D esia me sens de la uictoire proche,

A yant trouué argument de reproche

C ontre ceux la qui en leurs subtilz termes

S ont a leur gré si resoluz & fermes.

P uis quand uiendra que leur auray fait honte,

P lus ne faudra des autres tenir conte,

C omme n'ayans force ny resistance.

    C'est doncques uous, o gens pleins d'inconstanc

(V ostre inconstance est telle pour le moins,

Q u'elle uous rend incapables tesmoins)

C'est doncques uous qui faittes des rusez,

A pres auoir uoz ieunes ans usez

S uiuans la Court, & plus de bien receu

Q ue n'en auiez esperé ny conceu:

A pres auoir pratticqué les offices,
E t obtenu eftatz & benefices
P ar le feul bien des Princes liberaux,
ous les fuyez pour deuenir ruraux:
ous y auez acquis tout uoftre auoir,
ppris l'honneur que uous pouez fauoir:
ue dy ie appris?on me deuroit reprendre,
entens l'honneur que uous deuiez apprendre:
u bien celuy que uous uous promettez,
uand a refuer quelques fois uous mettez:
ais pour cela bien meritez qu'on die,
ue uous auez la ceruelle eftourdie:
t que tant plus uoftre age continue,
lus uoftre fens s'aueugle & diminue.
aut il qu'ainfi uoftre efperit fe fente
e ce plaifir corporel qui s'abfente?
ous reffemblez ceux qui du port departent,
efquelz tant plus en haute mer s'écartent,
oyent fuir,ce leur femble,la terre:
ais ell' eft ftable,& ilz s'en uont grand' erre.
adis en Court uous eftiez a uoftre aife,
t maintenant uous la trouuez mauuaife:
ais le bien d'ell',en quelque lieu qu'aillez,
e uous faut point,c'eft uous qui luy faillez:
t puis uoulez ce bien du monde ofter,
lors que plus ne le pouez goufter:

Car

C ar la liqueur qui auoit de couſtume
V ous eſtre douſſe,or uous eſt amertume.
L ors que deuriez a effet applicquer
C e qu'auez deu a la Court pratticquer,
V ous uous laſſez,ſans propos,a la ſuite,
E t le remede eſt de prendre la fuite,
E t appellez uoſtre fuite retraitte,
E n uous reng'ant a la uie diſtraitte
D e uoz doux champs,diſans que tout le bien
Qu'on peut auoir,c'eſt de ne faire rien.
    O r quant a moy,ie ſuis tresbien d'auis
Q ue demeuriez en ce grand bien rauiz,
Q ue uous ſoyez auec uoz paiſans,
De uoz moutons & uaches deuiſans:
Q ue uous paſſiez tout le reſte de l'age
A u beau milieu des garſons de uillage:
C e ſont les lieux qui uous ſont les meilleurs,
P uis que de uous on n'a que faire ailleurs:
E t uous quittez l'honneur que nous ſauons,
Q ui le moyen d'en bien uſer auons:
P renez grand' peine en uoſtre grand loiſir,
E t uous prendrons en noſtre ennuy plaiſir:
P laiſir & mieux eſt bien digne qu'on nomme
L' utilité que prend l'homme de l'homme,
Q ue l'un ne peut de l'autre receuoir,
S ans bien ſouuent s'entrehanter & uoir.

Quel temps seroit mieux employé & mis,
Que cil qu'on met a faire des amis?
Ou en a lon plus grand' commodité,
Qu'auecques gens de toute qualité?
Il est bien uray qu'il y a de la peine:
Mais qu'est ce au prix du plaisir qu'ell' ameine?
Celuy pour soy tant seulement naquit,
Qui de peiner ne fait bien son acquit.
Qu'est il plus beau que d'estre desseruant
Le bon uouloir des Princes en seruant,
Et meriter la faueur souueraine
Que lon congnoit a leur face sereine?
    Vn autre point qui tous les biens surmonte,
Bien que dernier ie l'aye mis en conte,
Et qui pourroit faire cesser tout court
Les desplaisirs, s'il y en a en Court:
C'est l'accointance amiable & benigne
De la beauté & grace feminine,
Parlaquelle est la rudesse polie,
Le tors dressé, la durté amollie:
Ou tous espritz font leur apprentissage,
Ou le Rusticque encor' deuiendroit sage.
    a peut on uoir uisages angelicques,
    arler diuin, & esperitz celicques:
Brief, quand a uoir les Dames ie m'amuse,
Me semble uoir, pour chacune, une Muse.

Tant qu'y ayant aresté mon plaisir,
Ie ne sauroye a grand' peine choisir,
Fors quand ie uoy entr' elles toutes l'une,
Comme au milieu des estoilles, la Lune :
C'est cellela a qui tout ie me uoue,
Et qui pour sien, de sa grace, m'auoue :
A qui ie doy tout ce que ueux & puis,
Et qui me fait estre ce que ie suis :
C'est cellela que par tout ie suiuray,
En la seruant tandis que ie uiuray :
Mesme & des champs Deesse deust ell' estre,
La Court lairroy' pour deuenir Champestre.

L'HOMME DE REPOS.

QVI VEVT d'autruy la cause faire moindre,
N'acquiert honneur pour le picquer & poindre :
Car quand il n'est ny bon ny necessaire
De ruiner du tout son auersaire,
C'est bien assez d'alleguer ses raisons,
Et se monstrer sobre en comparaisons,
Modestement les fautes imputer,
Et sagement les charges refuter :
Affin que tout debatu & purgé,
Nostre bon droit iustement soit iugé.
Et pour monstrer qu'entamer n'ay desir
Propos aucun qui cause desplaisir,

A *ma partie,en premier lieu i'accorde*
Qu'*au monde n'eſt uie plus uile & orde*
Qu'*eſt cellela de ceux qui ſont oiſeux:*
E *t tant s'en faut que ſoy' dauecques eux,*
Q*ue preſque croy n'eſtre né nullement*
C *il qui eſt né pour uiure ſeulement:*
M *ais celuy la qui m'a ſi aſprẽ eſté*
N'*a au uray ſens Repos interpreté:*
C *ar le Repos que i'aimẽ & que ie nomme,*
S'*entend celuy de l'eſperit de l'homme,*
L *equel il peut auec ſoy retenir,*
S *ans le laiſſer pour aller ou uenir:*
I' *entens Repos tel que point ne nous faille,*
S *oit que le ſens ou que le corps trauaille:*
E *t metz celuy entre les miſerables,*
Q*ui n'a Repos en lieux innumerables:*
O *n a Repos en pais eſtranger,*
O *n a Repos ſans le pais changer,*
O *n a Repos en public,en ſecret,*
P *ourueu qu'on ait l'eſprit iuſtẽ & diſcret.*
M *ais ie dy bien que pour l'heur de Repos*
O *n eſt en Court moins qu'en tous lieux,diſpos:*
C *ar de contens la Court n'a preſque nulz*
E *t les contens ſeulz pour telz ſont tenuz.*
O *n ſait que ceux qui ſont en Court uiuans*
S *ont les honneurs & les biens pourſuiuans:*

                                En quoy

E t qu'entre gens de ſi haute euidence
Elle ne doit tenir ſa reſidence.
I l eſt bien uray quand ceux qui telz ſe tienent
L' un contre l'autre enuieux en deuienent,
C'eſt grand' merueille alors s'ilz s'entrelaiſſent,
I uſques a tant que tous ne s'entr' abbaiſſent:
E t bien ſouuent leur credit abbatu,
S' abbat auſſi leur conſtance & uertu,
L ors que de place honorable & treshaute
S ont tout a coup deprimez ſans leur faute:
O u ſoit que faute ilz aint commis ou non,
C'eſt un remors & playe a leur renom,
D e uoir aux lieux qu'ilz ſouloyent poſſeder
S oudainement les autres ſucceder.

I e ſens icy l'aſſaut que lon m'appreſte,
De ce que trop au parfait ie m'arreſte,
E t qu'au deſſouz des Courtiſans ſuſditz
I l y en a qui ne ſont interditz
De ce clair nom. Mais affin qu'alencontre
T rop rigoreux a leur gré ne me monſtre,
I e ſuis content, pour accroitre leurs droiz
D'en metttre icy deux degrez, uoire trois:
E ncor' faut il, que ceux la mis par rengs,
(Q ui ſeront clairs & bien peu apparens)
A ce trauail ennuyeux & moleſte
Qui eſt en Court, ſoit ſuget tout le reſte.

Pensez en uous comme & combien a l'heure
La plus grand' part paſſera la meilleure,
Et qui ſont ceux de la Court ſuyuans l'ombre,
Qui n'aint credit d'eſtre du plus grand nombre.
  Vaut il pas mieux donc point ne s'y tenir,
Ou y eſtant d'heure s'en reuenir,
Que de ſe mettre au danger hazardeux
Entre les grans, d'eſtre rien aupres d'eux?
Quand on peut bien uiure heureux autre part,
Ou le bon heur iuſtement ſe depart,
Ou lon ſe tient a ſa condition,
Sans en l'eſprit bruller d'ambition,
Laquelle eſtant de l'homme ſequeſtree,
Ne fait iamais dedens le cueur entree
Impatience, & toute la ſequelle
Des grans tormens qu'elle ameine auec elle:
Car celuyla qui d'eſtre grand ſ'attend,
Y a il rien, ſoit apert ou latent,
Que hardiment n'entrepregne & ne tente,
Pour paruenir a fin de ſon attente?
Ambition fait ceſſer amitié,
Religion, foy, honneur & pitié:
L'ambitieux auec ce grand courage
De paruenir, perd tout ſon meilleur age:
Et ce pendant contre autruy il coniure,
Et ſans auis fait a ſoymeſme iniure:

Mais

M ais n'estce pas une follie extresme
Q u'en uoulant perdre autruy, perdre soymesme?
   Or estce peu d'alleguer la raison
D e quelque mal, sans donner guerison:
S i uous uoyez qu'a uostre maladie
L e mien conseil pouruoye & remedie,
V ous le prendrez: & celuy cas cessant,
V ous en serez quittes en le laissant.
   Ie ne uoudroye auoir homme interdit
D'aller en Court, eusse ie le credit:
T out au rebours, ie dy qu'il faut la uoir,
Q ui le moyen de uiure ueut sauoir:
M ais le moyen pour sa uie amortir,
C'est n'en uouloir ou n'en pouoir sortir.
E n temps & lieu entrer il y faudroit,
Q ui en sortir en temps & lieu uoudroit:
S i pour seruir quelque homme s'en approche,
N'en peut sortir a coup sans sa reproche:
C ar on y sert pour auoir recompense,
E t ne l'a on si tost comme lon pense:
O u quand on l'a, partir auant saison,
C'est emporter le chat de la maison:
M ais tu es fol si trop tu y attens,
T u n'auras rien si tu ne l'as a temps.
   Quant a ceux la qui pour plaisir s'y gettent,
D esquelz les pas & peines ne s'achettent,

I lz font heureux de ieunes en faillir,
Comme ilz feroyent malheureux d'y uieillir.
   Vous de la Court les anciens fuppoftz,
A uoftre auis, dy ie rien hors propos?
V aut il pas mieux eftre a foy de feiour,
Q ue trauailler pour autruy nuit & iour?
S i de repos uous prend doncq' quelque enuie,
I ugez combien en eft douffe la uie.
   Ie uous ay dit qu'on trouue uolontiers
Repos d'efprit en infiniz cartiers:
E t n'entens pas qu'ailleurs qu'aux champs ne foit,
(En quoy partie aduerfe fe deçoit.)
M ais en difant qu'il n'eft en autres lieux
S i grand que la, ie ne puis dire mieux.
   Premierement quand aux Champs uous uiurez
D es maux fufditz uous ferez deliurez,
Q ui eft un don du Ciel bien plantureux:
C ar c'eft grand heur n'eftre point malheureux.
M ais fans cela que de maux n'aurez point,
V ous y aurez biens infiniz appoint.
S i de fauoir uoftre efprit fe recree,
P our cefte fin n'eft lieu qui tant aggree:
V ous congnoiffez le iournel tour des Cieux,
V ous affignez les eftoilles des yeux:
V ous obferuez, comme les Tables touchent,
L eurs corps luifans qui fe leuent ou couchent,
                   Et retene

E t retenez en les uoyant fouuent,
C elles qui font chaud,froid,ou pluye,ou uent:
V ous y uoyez d'herbes uarieté,
E t uous fouuient de leur proprieté:
V ous contemplez les ouurages parfaitz,
Q ue tant diuers par tout Nature a faitz.
E t s'il uous prend quelque uouloir d'écrire,
C eft vniuers qu'autour uous uoyez rire,
I e ne fay quoy d'allaigre en uous allume,
P our rendre agile & feconde la plume:
E t de matiere ayant fertilité
E n uoftre efprit,cefte tranquillité
V ous fait auoir iugement & loifir,
P our le meilleur du pire mieux choifir.
     Ceux qui n'ont cueur a la literature,
Q ui ont pourtant l'efprit bon de nature,
E t font fugetz a recreation,
E n leur efprit ont fatisfaction:
O n eft chez foy:les iours ouuriers & feftes
O n eft ueftu des laines de fes beftes:
T out ce qui fait a la maifon befoing,
P oint ne le fault aller chercher plus loing:
O n a la chaffe & de chiens & d'oifeaux:
V n air falubre,& fauoureufes eaus:
B rief,de tous biens on n'y a iamais faute,
P ourueu qu'on n'ait la penfee trop haute:

Car qui d'assez content ne se tiendroit,
Ne seroit bon la ny en autre endroit.
    Ie n'ay icy de tout dire entrepris:
Mais qui le bien des champs met a mesprix,
Sache premier que c'est qui luy desplaist,
Et il uerra combien impossible est
De le congnoistre & blamer tout ensemble.
Et pourautant qu'a l'esprit meilleur semble
Le changement des choses mutuel,
Et que moins plaist l'estre perpetuel,
Qui defendra qu'une part de l'année
Soit a la uille & au peuple donnee?
Voire & qu'en court l'homme se represente,
Quand en sera l'occasion presente?
Mais que ce soit par les foix, un petit,
Affin des champs augmenter l'appetit.
    Voyla comment i'ay uoulu disposer
Certains moyens pour l'esprit reposer:
Mais i'ay au cueur un ennuyeux martire,
Que tant nous couste a faire, & peu a dire.

A monſieur de ſaint Gelais.

I E N'A Y de qui moins ie me doyue craindre,
E t n'ay a qui mieux ie me puiſſe plaindre,
Q u'a toy, Merlin: n'a qui auoir refuge,
P our de ma cauſe auoir un meilleur iuge,
N e qui de moy pour moy mieux la reçoiue:
N on qu'autrement ton eſprit prendre doyue
T ant de plaiſir, & loiſir d'eſcouter
T out le diſcours que te pourroy' conter:
M ais l'exercice auquel nous nous plaiſons,
E t dont tous deux profeſſion faiſons,
E t la ſcience ou addonnez nous ſommes,
T ant bien ſeante aux gentilz cueurs des hommes:
B rief les certains accors ſpirituelz
D e ce que ſuis, & de ce que tu es,
S ans regarder a autre qualité,
P renent cela de leur autorité.
I e ne ueux point parler aux malueuillans,
L e tort & droit a rebours recueillans:
M ais bien mes uers la s'addreſſent & tendent,
D e faire apprendre a ceux qui rien n'entendent,
O u font ſemblant de n'y entendre rien,
C omme ie parle a un qui l'entend bien:
T ant que l'ayant appris ſe diuertiſſent,
O u leur ſotiſe en haine conuertiſſent:

EPISTRE

Et ſi ſus moy ont le cueur deſormais,
A tout le moins, que ie n'en puiſſe mais.
  Les enuieux ont mes labeurs repris,
Et uont diſant qu'ay aſſez entrepris:
Mais ſans auoir le mien deu acheué,
I'ay laiſſe choir par uoye un fais leué:
Et de quitter un commencé affaire,
C'eſt ſigne clair de plus n'en pouoir faire.
Premierement de mon plus ou mon moins,
I'en offre icy mes œuures pour teſmoings:
On peut iuger quelle ſera l'iſſue,
En regardant la beſongne tiſſue.
Mais ie pourroye alleguer pour deffaitte,
Qu'en ne rendant une charge parfaitte
Que de moymeſme entrepriſe i'auoye,
Ie n'ay fait tort qu'a moy par ceſte uoye:
Ie leur pourroy' dire, qu'en tranſlatant
Y a grand' peine, & de l'honneur pas tant:
(Car du profit, ie ſuis, ſans en mentir,
Iuſques icy encor' a m'en ſentir)
Le plus ſouuent la regle & loy du metre
Nous rend contreintz d'aiouter ou d'omettre:
Ou en uoulant ſuyure fidelement
I'original, il nous prend tellement,
Qu'il faut uſer d'une grand' periphraſe,
  It ſauuer du uulgaire la phraſe:

E t ceux qui n'ont qu'a l'un des deux reſpect,
I lz uous tiendront d'ignorance ſuſpect.
V oila des pointz aſſez auantageux,
P our refroidir un homme courageux,
E t le tirer de cellɇ intention,
P our s'addonner a ſon inuention.
M ais ce n'eſt la,que ie ueux recourir,
I e ne ueux point deshonneur encourir
D'unɇ inconſtancɇ,ou que i'aille fuyant
D ifficulté ou labeur ennuyant:
E t ſi ne ueux tant donner de ſoulas
A ux enuieux,que de m'auoir ueu las.
B ien ueux iɇ auoir d'acheuer le loiſir
C ela que i'ay entrepris pour plaiſir:
E t en laiſſant mon propos repoſer,
A utre repos ie me ueux propoſer:
C ar Poeſiɇ en moy n'eſt,Dieu mercy,
L e meilleur don,& n'eſt le pirɇ auſſi,
Q ue par faueur m'aint departi les Cieux:
I lz m'ont donné choſɇ encor' qui uaut mieux,
E n quoy ie puis maintz eſpritz de mon temps
E t du futur,faire de moy contens:
E t quand aux uers,i'en donnɇ au temps preſent
L'eſchantillon,erres d'entier preſent:
B ien qu'il n'y ait que la poſterité
Q ui le preſent entier ait merité:

Car d'elle seule auoir i'espere & pense
De mes labeurs la digne recompense:
C'est celle la qui un bienfait auoue,
Et sans enuie, en l'auouant le loue.
Ie ne dy pas que ce temps ordinaire
N'ait maintz espritz de uouloir debonnaire,
Qui font les leurs d'honneur present iouir,
Quand on les uoit des bienfaitz resiouir:
Sont ceux a qui ma Muse se dédie,
Qui ont pouoir de la faire hardie,
Plus que n'ont ceux qui ueulent l'outrager,
De nompouoir de la découraer:
Il y en a qui ne peuuent ny ueulent
Iouer un seul,& qui de tous se deulent:
I'entens ceux la qui d'arrogance folle
Cuident uoler plus hault qu'Aigle ne uole:
Lesquelz ayans tel uol comme les Pies,
La ou ilz sont ne seruent que d'espies,
Pour les labeurs des autres agguetter,
Et par derriere apres en cacquetter:
Ilz ne sauroient faire d'eux œuure aucun,
Et uont blamant les œuures de chacun:
Et la dessus tout leur renom ilz fondent:
Mais comme on uoit qu'au chaud les neiges fondët,
Vn iour uiendra que ceste renommee
cques eux s'en ira en fumee.

A SAINTGELAIS.

Pour l'Orthographe ilz entrent en cholere
Comme pour chose indigne qu'on tolere,
En alleguant l'usage pour l'abus:
Mais tout cela n'en uaut pas les tabutz:
Ie ne me ueux, comme eux, rompre la teste:
La lettre laisse, & a l'esprit m'arreste.
Mais ie dy bien qu'alors la langue ment
Qu'elle n'accorde auec l'entendement:
Aussi l'escrit dément la uoix absente,
Si cas auient qu'a elle ne consente:
Si au François les lettres s'obseruoyent
A proferer comme s'elles seruoyent,
Vne grand' part des motz en les sonnant
Resembleroient au Breton bretonnant.
Et pour prouuer cest usage plus uain,
On trouuera a peine un escriuain,
Et les deust on amasser tous ensemble,
Dont l'Orthographe a une autre ressemble.
Mais c'est assez: i'ay la mon reconfort,
Qu'un iour sera le bon droit le plus fort.

Moins & meilleur.

CESSE, le Mans, cesse de prendre gloire
En tes Grebans ces deux diuins espritz:
Trop plus sera durable la memoire
De ton renom, si tu donnes le prix
A Peletier sus tous le mieux appris
A translater, & qui d'inuention
N'a pas acquis moindre perfection.
Mais si doutteuse en est la uerité
Au temps present, laissons l'affection,
Ie m'en rapporte a la posterité.